呉 真由美 著
脳開コンサルタント協会 監修

だから速読できへんねん！

脳のブレーキを解き放て

生産性出版

はじめに――速読って斜め読みや飛ばし読みやろ！

いま、この本を手に取っていただいた皆さん。皆さんはどんな思いでこの本を手にされたのでしょうか？

「一五〇キロのボールが打ちたい！」「速読ってどんなの？」「前に速読できなかったから、今度こそは！」「もっとスキルアップを」……皆さんいろいろな思いがあると思います。また、活用したい場面もさまざまですよね。

「速読インストラクターの呉《くれ》です」とご挨拶をすると、多くの方にこんなことを言われます。「あっ、知ってる知ってる。斜めに読むやつやろ⁉」「飛ばして読むんやろ⁉」。で、その次には「どんな風に読んでるの？　コツ教えて‼」と言われます。そうなんですよね、速読って「斜め読み」や「飛ばし読み」と思われている方が多いのですが、実は「斜め」にも「飛ばして」も読んでいないんです。「ん⁉　斜めにも、飛ばしてもいないの？」って思いますよね。

00379 WORDS

だって速読とは言っても、斜読とか飛読とか言わないでしょ⁉　ただ「速く読む」と書いて速読なんです。だから速く読んでいるだけなんですよ。でも、通常速く読もうとすれば何らかのコツやテクニックが必要と思われているので、先ほどの「コツ（読み方）教えて！」という言葉になるのでしょう。

しかし、速読は速く読むコツや技術、テクニックではありません。脳が活性化されたことにより脳力アップし、さらに情報の取り入れ方が変わり、処理能力が上がった結果、自然と速く読めている状態が、「速読している（できている）」ということなのです。そのまた一つの結果が、一五〇キロのボールが打てる、ということでもあるのです。

でも、速く読むと内容の理解度やイメージが薄くなるのでは？　と気になりますよね。実は、読んでいる本人としては、今までと同じ感動や理解度があるので「速く読んでいる」という意識はありません。周りの人から見たときに、普通の人より速くページをめくって読んでいるので「速読している」というだけなんです。

じゃあ、その速読がどうすればできるのか⁉　ですよね。この本では、なぜ皆さんが今まで速読ができなかったか、もしくはできないと思っているかをお話ししていきたいと思っています。そして、速読が皆さんにどういった変化をもたらしてくれるのかを。

速読が実はどんなものなのかがわかれば、さらに皆さんに活用していただける場が広がります。

私も過去には通信教育で速読にチャレンジして、見事に挫折しています。なぜ当時はできなかったのか？　それも今では私の貴重な経験です。挫折も経験した私が今、皆さんの前に立って数千人の方に速読をお伝えできるまでになっているのですから、皆さんも速読ができるようになるのも難しいことではありません。

皆さんの脳力が高まって、情報処理の仕方が変わったら、自然と速く読めてしまうのです。誰でも自分が持っている脳力に気付いて、自分の中での限界を取り払えたとき、さまざまな脳力の一つとして速く読めるようになります。

この本が、ご自身のすばらしい脳力に出会っていただくきっかけになれば、またさらにそれを活用していただくヒントになれば幸いです。

01278
WORDS

第3章　脳を活性化する速読トレーニング　45

01673
WORDS

第6章 速読マスターへの道　147

02139 WORDS

※奇数頁の左側にある数字は、累計の文字数です。句読点や鉤括弧も数えています。なお図や表については、文字を数えていません。

◉装丁　竹内雄二
◉カバー写真　撮影／森脇誠
ヘア&メイクアップ／RIO SAKAMOTO
協力／ミズノ株式会社
◉イラスト　ケルネン村川智子

第1章

なぜ速読で一五〇キロバッティングができるのか

打てない気がしない一五〇キロ

ある日、当時中学二年生の息子にせがまれてバッティングセンターに行ったときのことです。一三〇キロぐらいのボールは打てているのに、一五〇キロのボールにはかすりもしない息子を見て、私はとても不思議でした。

「なんで打たれへんのやろう？　こんなにしっかりボールが見えているのに！」

そう思った私は、試しに息子と交代でバッターボックスに入ったのです。とは言っても、実際に中で見るのは少し違うだろうと、二、三球確認してからバットを振ると、ボールに当たりました。もちろん、力もないし、私は野球やソフトボールをしていたわけではないので「打った」というよりは「当てた」という感じ、かすった程度ですが。それでも初めてでも二〇球ほどのうち七、八球くらいは当たっていたと思います。

そのとき、私はすぐに気付いたんです。

「速読してるからボールがゆっくりに見えるんや!!」って。もちろん息子は悔しがりましたが、彼も私が何も言ってないのに気付いたようです。「速読や!!」って。

いつも速読指導に行っている少年野球チームの子どもたちには「速読すればボールがしっかり見えるようになるから、普段の練習の成果をちゃんと出せるで！」と話していましたが、まさかこんなに速いのが自分にも見えて打てるとは！　実際にやってみて私自身も速読の効果にビックリしました。だって、素振りの練習もしない私が、たとえ当てるようにしか打てなくても、打てる事実があるのですから。

それまでは親子で速読レッスンをするとケンカになるので、私は息子にレッスンしたくなかったし、息子も「え〜っ！　するの？」みたいにイヤイヤだったのが、自ら「速読レッスンして！」と言うようになりました。もちろん、目的は一五〇キロを打つためです（笑）。

そのおかげで、息子も以前はかすりもしなかった一五〇キロを打つようになっています。私は「あとは野球の練習だけやね！」と息子には言いますが（笑）。どれだけボールが見えても、普段の練習は欠かせませんよね。毎日の練習をすること、つまり素振りと基礎をきっちりとしていることが大事です。

実際に速読指導に行っている野球チームの子どもたちからは、「ボールの縫い目が見え

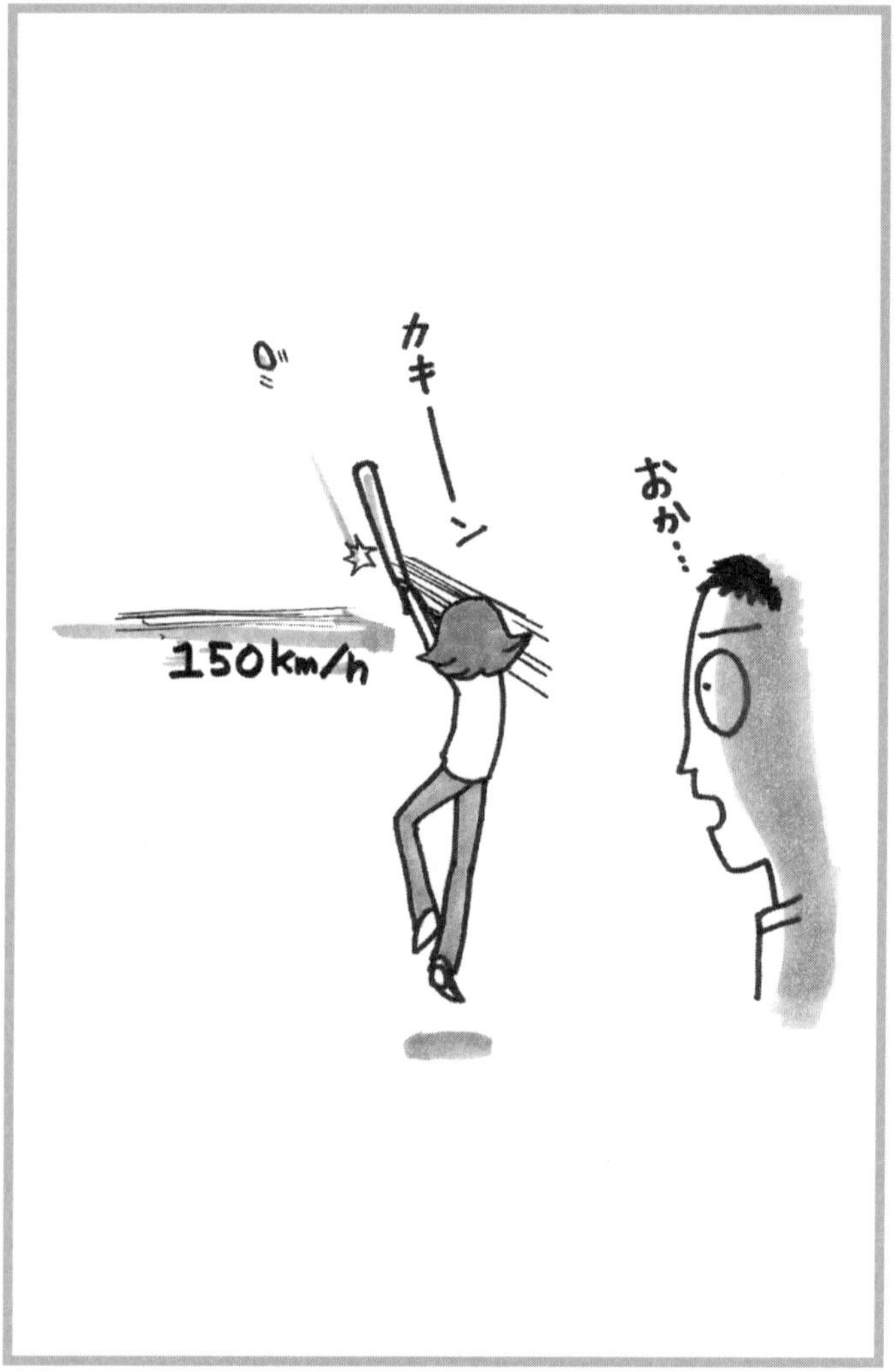

カキーーン
150km/h
おか…

た!」「今、七連続ヒットやねん!」とか「球種がわかるからカーブボールが怖くなくなった」というような声が続々と聞かれます。

他にもスポーツ選手では、たとえばマウンテンバイクのダウンヒルライダーの中川ヒロカ選手(二〇〇八年ジャパンシリーズランキング二位)も、私の速読教室の生徒さんですが、こんな感想を話してくれています。

舗装されていない山道をいかに早く下りていくかでタイムを競うダウンヒル競技をしている私にとって、速読トレーニングを受講したことで一番変化を感じたのは、時間の感覚が変わったことです。猛スピードで山道を下っているときに、周りの景色が早送りのように見えるのではなく、景色として見えること(もちろんレース時は景色を楽しんでいる余裕はないですが……)と、ミスをしてしまったときに、ミスをしてしまったと判断したときから景色がスローモーションで動き出し、ミス後の自分はどのようにリカバリーをしてレースを組み立て直せばよいかということが、瞬時に判断できるようになりました。

周りから見ると、ミスして転倒は「あっ」と言う間に見えますが、私の頭の中では「転倒してしまう」と判断ができて、「じゃあ、こうすればリカバリーができ、一番リスクが少ない走る方法ができる」と頭に思い浮かんでくるようになり、タイムロスを最小限にすることができるようになりました。また、ケガも少なくなりました。速読トレーニングをしたことで、物事をゆっくり冷静に考えるようにもなってきています。アスリートの一人として、速読トレーニングはスポーツのトレーニングとして必要だと実感しています。速読に出会えたことに感謝です。

二〇〇八年三月に放送された朝日放送『探偵ナイトスクープ』には、たまたま生徒さんと話をしていたなかで「一五〇キロは打てるのだけど、人が投げる球を打ったことがないので、何キロでもいいから人が投げる球がどんなんか見てみたい」と私が言ったところ、生徒さんが番組に依頼文を送ってくれたのでした。

それがきっかけで番組の小ネタ集で「一五〇キロを打つ」ということにチャレンジすることになりました。当日は朝から雪混じりの雨が降るような寒さのなかでの撮影だったので、ボールが見えてもさすがに体が動かず打てないのでは？　とちょっと不安もありましたが、寒さで体がいつも以上に動かないなかでも、なんとかボールを打つことができて良かったです。もちろん、これも速読効果ですよ!!

速読で一五〇キロが打てる理屈

理屈は、こうです。

まず飛んでくるボールを見ると、目から視神経を伝わって脳に信号が行きます（①）。これで脳はボールが来た、とわかります。次にそれを受けて、脳は「バットを振れ」という命令を手の筋肉に出します（②）。これも神経を通じて信号が行きます。そして実際に手の筋肉が動いてバットが動きます（③）。

速読をして脳が活性化している状態だと、この①と②の部分のスピードが、普通の人と比較すると早いので、ボールにバットを当てることができるのです。スポーツをやっている人は筋肉が強くて、③のスピードが速いかもしれません。けれども、ボールを見て、認識して、打つという動作は、上記の①、②、③という順番を経ます。私は①と②が早いので、ゆっくりと③の動作をすることができるのです。

わかりましたか？　後でもう一度、第5章の一三九頁で説明しますが、だいたいの理屈

04585
WORDS

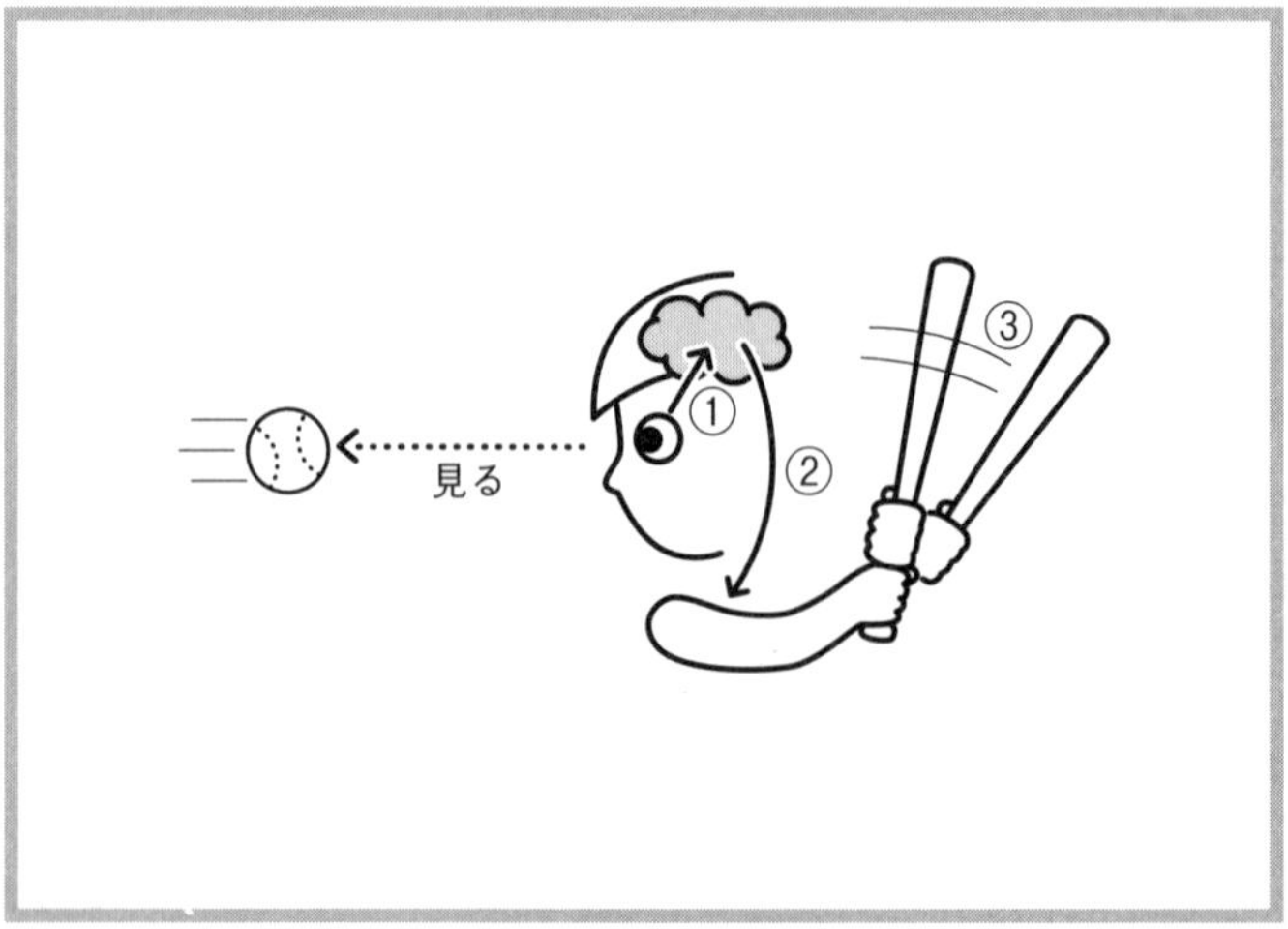

はこうです。

このように、野球もソフトボールもしたことない私が速球を打てるのは、速読による脳活性の成果なのです。……と、理屈では言っても、皆さんにはなかなか信じてもらえません。そして実際に、私や速読トレーニングをした生徒さんたちが、バッティングセンターで速球をぽんぽん打つのを見て、皆さん驚かれるのです。

速読については皆さんも聞いたことがあるでしょう。脳の話も聞いたことがあるかもしれません。けれども、速読トレーニングをすると、こうして一五〇キロの速球も打てるようになることなど、「速読の本当のこと」はあまり皆さんによく知られていません。

脳は三%しか使われていない?

脳はその持っている脳力の三%しか使っていない、とか、七%しか使っていない、なんてよく言われます。

そのおかげで私もよく質問を受けます。

「脳って三%(七%)しか使ってないんですよね!?」って。

でも、本当にそうですか?

私はいつも皆さんに逆にお聞きします。

「一〇〇%がわからないのに三%がどうしてわかるんですか? 何%を使っているかではなく、皆さんは皆さんの持っている能力を一〇〇%使っているはずですよ。いつも九七%の手抜きをしているんですか?」と。すると大概の方が「いいえ、私は毎日頑張っています」、「自分の一〇〇%使っています」と言われます。

そうなんです、皆さんは意図的に手抜きをしているときは別として、ご自身の脳(能)

05173
WORDS

力としては何も手抜きはしていないのです。自分の持っている一〇〇%を普段から発揮しているのです。ですから「その自分の一〇〇%をボリュームアップさせてあげましょうよ!」って話をします。

人は無意識のときには、その場その場に応じた能力の発揮の仕方をしているのに、「何かをしよう」と意識すると、使ってる力は半分以下にまでなっていることも多くの場面で見られます。特に日本人は、できるかどうかわからない未経験のことに対して「無理」、「できない」なんて言葉をすぐに言います。

「無理」、「できない」などと思いながら何かをしようとすると、力を存分には発揮できなくなります。脳はとても素直なので、「できない」という言葉、思いに反応して、それをかなえようとしてくれるのです。

では、どうすればいいのでしょうか。それは皆さんが普段使っている脳力の一〇〇%をボリュームアップしたような良いイメージをすることです。反対に、悪いイメージをすると、それが実現してしまいます。

たとえば、ゴルフでティーショットを打つときに眼前に池が広がっていたとします。その池は普段通りに打てば何も問題なく越えられる池なのに、「池に落ちたらどうしよう……」なんて思いながら打つと（脳裏には池に落ちるボールのイメージが浮かんでいますから）、脳は池に落ちるボールを打つように筋肉を動かすのです。

ですから、いつも通りにちゃんと打ってあげれば、いつも通りの筋肉が動いてくれて、キチンと脳力を発揮できるのです。力んで「打ってやろう！」なんてのもダメですね。良い打ち方のときとは違う筋肉が働きますから、力むとかえって悪い結果につながります。

ゴルフをする方では経験ある人が多いのではないでしょうか？

まずは皆さんの脳力をボリュームアップしてあげれば一〇〇％はもちろん、以前よりも高い脳力になりますし、その高い一〇〇％からだと少し力が入ってしまって脳力を存分に発揮できなくても、以前よりは断然高い脳力になります。

そのように一〇〇％に近い状態で脳力を発揮するには、「良いイメージをしながら力まない」ということが大切です。

・まずは自分のベースになる脳力を上げてあげる
・そのためには脳力を存分に発揮している良いイメージをする
・そして無駄な力を入れない

06108
WORDS

そして、この「脳力をボリュームアップする」ためのトレーニング方法として、私は普段、速読トレーニングをお勧めしています。速読トレーニングが、脳力アップへの一番の近道だと考えるからです。

実際にこうした文章で速読トレーニングをお伝えするのは、なかなか難しいものもありますが、この本ではその速読できるために必要な脳活性と、皆さんが自分の脳のブレーキを自分ではずして、普段の生活で脳力を一〇〇%発揮できるようなアドバイスをさせていただきます。

速読教材は溢れるほどにあるけれど

「速読」って多くの人が聞いたことのある言葉なのに、「(速読)できる人を目の前で見たことがない」と皆さん言われます。

英会話って、皆さんも知っている言葉だし、できる人もたくさんいますよね。速読もよく聞く言葉なのに、できる人を知らない——できるのは一部の「すごい人」か、はたまた速読は「特殊能力」だからできる人とできない人がいてると思っている——という方が多いのです。

かく言う私も、「速読」という言葉だけを知っていたときはそう思っていました。

実は、すでに出ている「速読」とつく本だけでも四百冊以上あるそうです。また、通信教育やCD―ROM、DVDなど、速読を習得するためのさまざまな教材があります。本屋さんに行くと、毎月新しい速読関連の本が出ているのでは？　と感じるほどです。みんなが買うから出ているのか、いろいろチャレンジしてもできないからまた新たな教材が出てくるのか。どちらが先かわかりませんが、とにかく世の中には速読関連の本や教材は溢れています。

それなのに、またこの本も速読の本なんです（笑）。ただし、今までの速読本とはちょっと違うと思いますが。

とにかく、速読の本や教材はたくさんあるのに、できる人を見たことない、やってみたけどできなかった人が多いというのが現状です。

「やってみたけどできなかった」という方の中には、一度や二度のチャレンジでは済まない方も多くいます。本を数冊買ったとか、それにプラスしてパソコン用の教材や通信教育、実際に教室や講座を受講した方もいます。

そんな話ばかり聞くと、これからやってみようかな？　なんて思っても、ちょっと不安ですよね。でも実際は、「できるかどうかわからんけど、やってみよう」的な感じでチャレンジされる方が多いと思います。

私も十代後半に通信教育で速読にチャレンジして挫折しました。このときの私は、速読は特殊能力だと思っていたので「私にもできればいいな〜」という感じで始めていました。でも、その思いとは裏腹に速読はできなかったのです。

そのときはわかりませんでしたが、実際に速読インストラクターになって初めて、自分が「速読できへんかった理由」がわかったのです。

第2章 あなたが速読できない理由

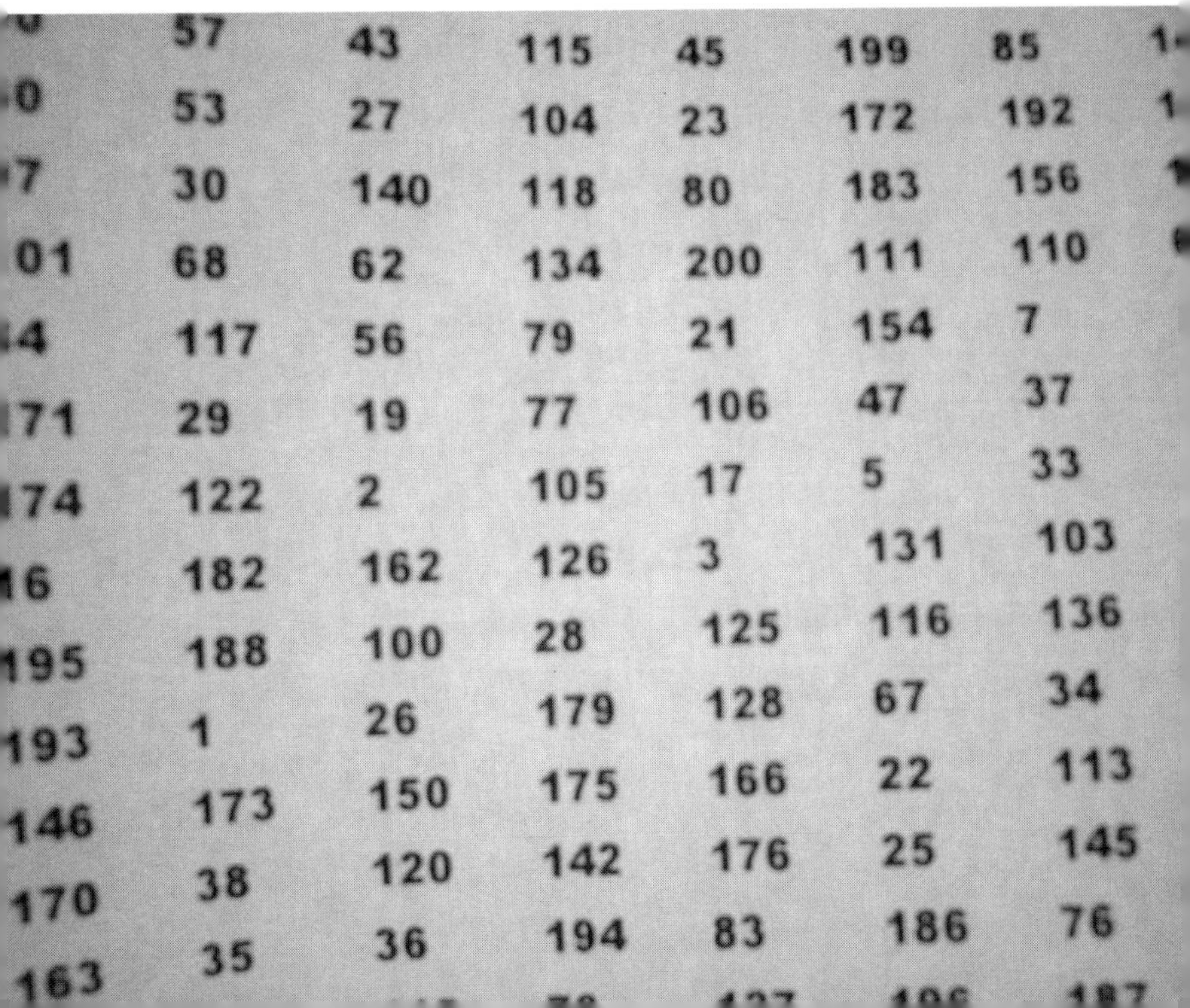

通信教育や自宅学習だから速読できない

なぜ、私は速読ができなかったのでしょうか？　いくつかの理由はありますが、大きな要因は二つです。

まず一つは、教材に書いている言葉の意味や意図がわからなかったからです。つまり、自分のしているトレーニングが合っているのかどうかがわからない、ということでした。

「日本語なのに書いていることがわからない？」

それこそどういう意味かわからないですよね。トレーニングを進めるうちに私は壁にぶち当たっていきました。それは、文章に書かれている言葉の意味、意図することがわからないのです。

たとえば「速く見てください」とテキストには書いてあるのですが、「見る」という言葉もいろんな場面で、いろんな使われ方をしています。環境や状況が違えば、同じ言葉でも受け取り方はさまざまです。

私は自分なりの解釈で「速く見る」ことをしていましたが、ある日、当時速読を二十五年以上指導していた大石先生に友人を介して知り合い、このとき初めて教材の意図する「速く見る」ことと、私がしていたこととは全く違うことだったとわかりました。

適切なアドバイスをくれる人が必要

私が通信教育で速読できなかったもう一つの理由は、自分のできているところとできていないところ、また次にステップアップするのに必要なことがわからなかったんです。要は、アドバイスをくれる人がいなかったということです。

本にアドバイスがある!! と皆さんは思われるかもしれませんが、それは私に必要な適切なアドバイスではないんですよね!

何でもそうですが、たとえば何かのスポーツにしましょうか。仮に「絶対上手くなる△△!」なんて本があるとします。初歩から丁寧に体の作り方、技術、メンタル面などいろいろな練習方法やアドバイスが記述されています。私が練習方法の手順その一をしたとき

07985
WORDS

に、たとえばつま先の向きが違えば思った効果は得られないし、力の入れるポイントを間違えていればそれもまた思ったような結果にはつながりませんよね。

テレビのダイエット追跡番組なんかでも、出演者の方にいきなり本だけ渡して「ダイエットしてください！」なんてのはあまり見ませんよね。インストラクターの先生の指導をまず受けて、それから自宅で各自続ける、というものがほとんどです。それはなぜでしょうか？

インストラクターがキチンとポイントを伝えることで、成果に結び付きやすくなるからです。

速読も同じです。一人でトレーニングをしていても多少読書速度は上がりますが、すぐに停滞期に入ります。その停滞期に入ったときに、「次のステップに上がる」ためのトレーニングが必要なのですが、そのための各自にあったアドバイスは本ではしてくれません。もちろん、一般的なアドバイスはあるかと思いますが。

また、次のステージがあることも指し示してくれないのですから、続けてもなかなか読書速度が上がらなければ、私のように「ここで終わりなのか……」と諦めてしまう人も多いんですね。

「コミュニケーションがない」というのは、伝えたいことが伝わらないんです。私がいま皆さんにお伝えしたいこと、それは「通信教育や自宅学習だから速読できへんねん！」ということです。

もちろん、一〇〇％とは言いません。私も含めてですが、今まで私が速読トレーニングをお伝えさせていただいてきた数千人の生徒さんのなかで、通信教育や自宅学習で「速読習得した！」とおっしゃっていた方がお一人います。その人は営業成績優秀で、自分の脳（能）力アップには貪欲な方でした。そして半年間本当に頑張ってご本人が「速読を習得した」と思えるところまでいきました。

でも、その方が半年間自宅でコツコツ毎日頑張って到達した三、〇〇〇文字／分を、数回のレッスンであっという間に抜かしてしまった友人を見て、「私はなんてところで満足していたんだ」と思い、すぐに私のレッスンを受けていただくことになりました。

もちろん、その方は数回のレッスンですぐに一〇、〇〇〇文字／分を超したのは言うまでもありません。

この方に限らず、今まで「教材買いました」、「通信教育しました」、「本を買いました」「集中講座受けました」などと、ありとあらゆる方法で速読習得を試してきた方が私の速読教室には多く来られます。いろんな方法を重複して何度もチャレンジして、それでもできなかった方もおられます。

ほとんどの方は、本なら数冊買っていたり、集中講座を数回受けていたり、通信教育などの教材を買ったりしています。中には百万円以上の金額をかけて速読習得を望んでおられた方も何人かいらっしゃいます。

そんなにいろんな講座があり、教材や本が出ていて皆さんチャレンジしているのに……できへんなんて！

なぜ、そんなことになるのでしょうか？

教材だけだとコミュニケーションがなくて、その意図がうまく理解できない、指導してくれる人がいないと次のステップに上がることができにくい、ということのほかにも、実は大きな原因があります。

それは多くの人が「速読できるコツ」があるとか、「速読ってテクニック」だと思っているからです。だから、そのコツやテクニックを習得しようとするのですが、実はコツやテクニックではないので「速読できなかった」という結果になってしまうのです。

「頑張らない」が速読できる近道

誰もが普段発揮している素晴らしい脳（能）力を、「本を読む」という場面でも発揮しているのが速読している、という状態になるだけです。それをまた違う形で発揮しているのが、一五〇キロのボールが打てる、という状態です。

でも、それを知らずに一所懸命頑張って、「コツ」とか「テクニック」を習得しようとするんです。先にも書きましたが、頑張ると力が入り、本来持っている脳力をきちんと発揮することができません。

各地でセミナーや社員研修をさせていただきますが、皆さん、速読教室と聞いて「頑張るぞ！」って顔で会場に来られます。

でも、私がまず皆さんにお話するのは「頑張らないでください」ということです。頑張ると力が入ってしまいます。

速読トレーニングは、普段の脳をスムーズに使うための準備運動やマッサージのような

09736
WORDS

ない
ない
ない
ない
ない
ない
ない
ない
ただいまー
何探してんの？
ない
ない
本と財布…
ない
ない
これか？

ものです。マッサージを受けているときに力が入っていると、「力を抜いてください」って言われるでしょう？

でも、そんなこと言ってもなかなかリラックスしてもらえないので、私は「クスッ」って小さくでいいので、皆さんに笑ってもらえような話をしたり、速読に絡めて、普段の自分の脳力に気付いてもらえる話をします。

たとえば「脳はコンピュータよりもすばらしい」。そんな言葉もよく聞きますね。本当に、コンピュータより素晴らしいんですよ。

では、なぜその素晴らしいコンピュータを使いこなせていないのでしょうか？

探し物をしているときなど、一所懸命に「どこにあるだろうか」と探せば探すほど、なかなか見つからなかったりします。この見つからない状態は、実は読書で一文字ずつ文字を読んでいる（速読できていない）のと同じです。一文字ずつ読んでいるときや、探し物をしているときって、視野が狭くなっています。

探していないときや、諦めてしばらくしてから探し物が見つかったりしませんか？

探そうという意識がなくなることによって、視野が広がり脳はその脳（能）力を発揮してくれるのです。探せば探すほど見つからないけど、いらなくなったら見つかったり、フラッとやってきた家族や知人に「そこにあるやん!!」って言われたりするでしょう?

フラッとやってきた家族や知人は探し物をしていないので、広い視野で高い処理能力のまま物事を処理しているので、目から入ってくる情報をきちんとキャッチできているんですよね。

でも、探している人の脳の処理状態は、本を読んでいるときと同じように本来の処理能力を使いきれていないので、情報が処理できないのです。

目から情報は入ってきているのに、キャッチして処理することができない……入ってきているはずの情報でさえ処理できないくらいに脳は処理能力が落ちてしまうのです。しかも、だいたい探し物しているときっていうのは「ない!　ない!」って言いながら探しているので、自分で自分の脳に「ない」という情報を送っていますしね!!

ですから、今度から探し物をするときは「ある!　ある!」って言いながら視野を広げて探すと、少しは見つかる確率が上がるかもしれませんよ。

そして、速読できている状態と今までの読書の違いもこのような感じなんです。

広い視野でたくさんの情報を受け取って読んでいるときが「速読」できている状態で、視野が狭くなり本来はたくさん入ってきている情報でさえ十分に受け取ることができずに読んでいるのが従来の読書です。

そうなんです。

速読って実は「受け取り力」なんです。

皆さんは普段、無意識に目や耳、鼻、口や皮膚などから入ってくる膨大な量の情報を処理しています。なのに、「読む」という言葉が出てくると、「一文字ずつ読まないとわからない」と思っているので、丁寧に一文字ずつ読んでしまいます。

そして「速く読めない……」と言います。

また、その状態で速く読もうとしても、脳が活性化されて「良い回転」（良い回転とは情報処理能力が上がっている状態です）になっていないのに、処理能力以上の情報を取り込んで処理しようとするので、処理できない、つまり読めない、という状態になるのです。

では、どうすればよいでしょうか？

今の処理能力以上の情報を入れたいのなら、今の「処理能力」を上げてあげればいいんです。工場であれば能力以上の生産はできませんから、設備投資などをして生産能力を上げていきます。それが脳の場合は、「速読のトレーニングをして脳力を上げる」ということになります。

一文字ずつ読まない

皆さんの脳の場合は、先ほども述べたように普段からすでに膨大な量の情報を日々処理しています。なのに、なぜ読むという行為のなかでその処理能力を発揮できないのでしょうか？

理由は簡単です。読むというのは「一文字ずつ読まなければいけない」、「一文字ずつ読まなければわからない」と思っているからです。

でも、街を歩いているときに目に入ってくるいろいろなお店の看板を見て、一文字ずつなんて読まないですよね。たとえば、セブン-イレブンの看板は視界に入ってきた瞬間に「セブン-イレブン」とわかりますよね。それを一文字ずつ読んでいる方はいません。

駅で切符を買うときに、目的駅までの駅名を一駅ずつ言葉にして読んでいる方もいませんよね。どんどん見て進んで目的駅までの切符を買いますから、その速さで認識・判断しているんです。

な・の・に、読むって言った瞬間「一文字ずつ読まなければ」となるのです。

では、なぜ私たちは一文字ずつ読まなければならないと思ってしまうのでしょうか。

誰でも小さいころ、お母さんや幼稚園の先生に本を読んでもらったことがあると思います。

「むかしむかし、あるところにおじいさんとおばあさんがいました。おじいさんは山に芝刈りに……」というように。

そして、そのうち「あいうえお　かきくけこ……」と五十音を覚えて、自分で本を読むようになって、また自分で「むかしむかし、あるところにおじいさんとおばあさんがいました……」と読んでいきます。何度も読んでもらっている本なら、字を覚える前にお母さんや先生が読んでくれるのを覚えたりもしますよね。

それから小学校に入り、先生に「本読みをしましょう」と言われて、また「むかしむかし……」と読んでいきます。

「むかしむかし……」と一文字ずつ読むのはとても大事ですが、一文字ずつ読まなくてもわかるようになっているのに、こうした経験もあって「読む」＝「一文字ずつ」という感覚が抜けないので、私たちは一文字ずつ読まないと読めていないような感覚になってし

12018
WORDS

まうのです。

でも、本当に一文字ずつ読まないとわからないですか？「むかし」って見た瞬間にわかりませんか？「あるところに」ってのも、見た瞬間にわかりませんか？

よく見ると、よほど難しい言葉や外国の地名や外国の方の名前以外は、すべて見た瞬間にわかる言葉だと思います。

なのに、多くの人はやはり一文字ずつ読まなければわからないと思ってしまいます。

でも実は、本は一定のリズムを持って速く読んだほうが内容はよくわかります。

「速く読んだほうがよく理解できる」、「速く読んだほうがイメージがしやすい」という声が、速読レッスンを受けていただいた生徒さんの感想にも多いです。

「そんなのウソだ！」と思いますよね？　でも考えてみてください。

一冊の小説を読むとします。まとめて五〜六時間読み続ける時間もないし、読書は疲れるので一度には読めません。すると一〜二週間かけて毎日少しずつ読みます。

読んでいる途中で「あれ？　この人は誰やったかな？」、「Aさんと、このBさんの人間関係ってどんなんだったっけ？」って前の頁に戻ったりします。当然、戻る分の時間もか

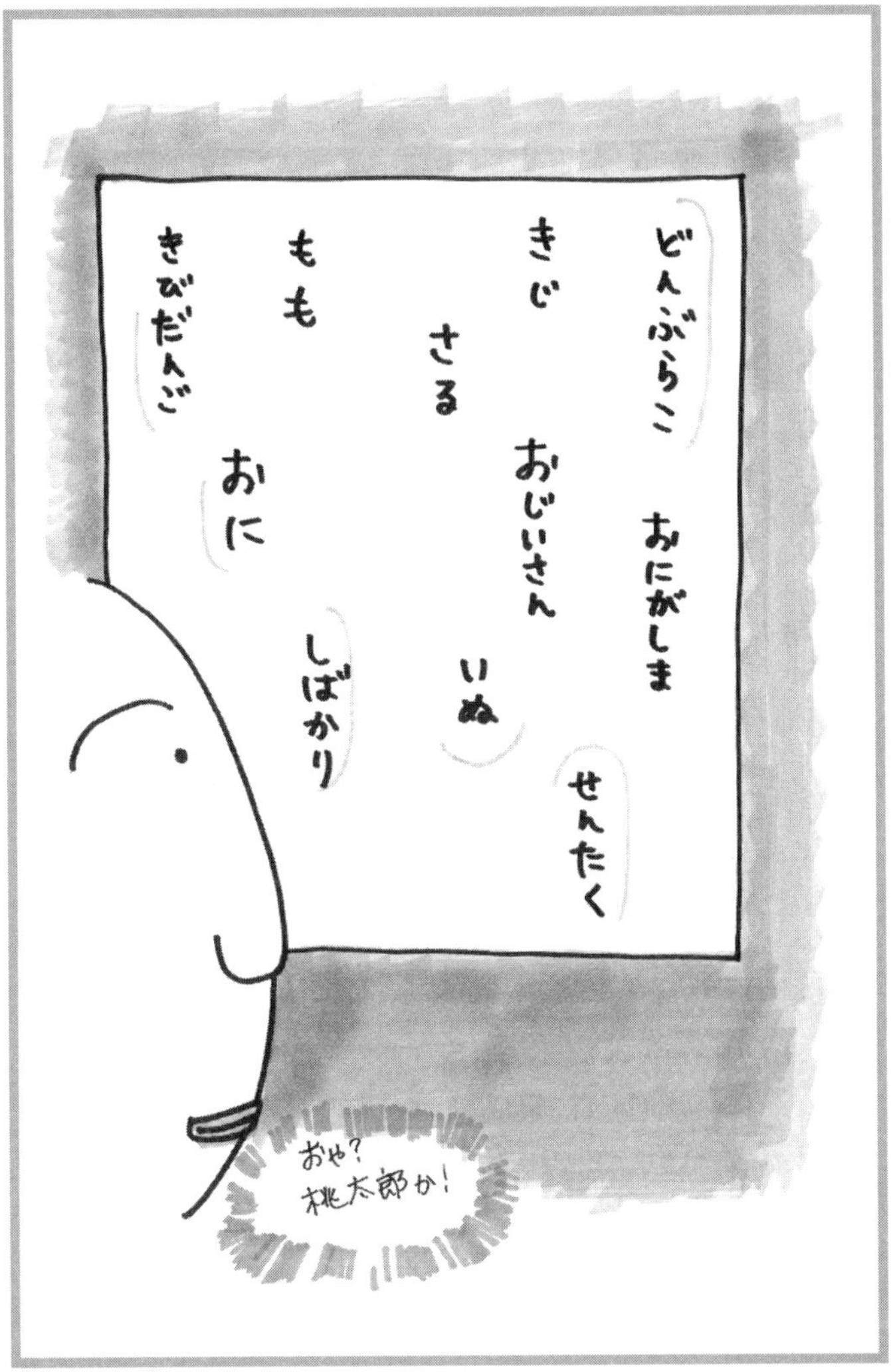
どんぶらこ
おにがしま
せんたく
きじ
おじいさん
いぬ
さる
しばかり
もも
おに
きびだんご
おや？
桃太郎か！

かりますので、総時間で見れば、さらに時間をかけていることになります。しかも最後まで読み終わっても、一～二週間前に読み出したときの最初の場面はもう忘れてしまっています。でも、ゆっくり、しっかり読んだから「ちゃんと読んだ」という満足感はあります。

では、速読ができるようになり（誰でも持っている脳力ですが、あえて、できるようになり、と表現します）、読むのに一～二週間かかってた本が、一時間足らずで読めるようになればどうですか？（トレーニングを続ければ誰でも、二百頁ほどの読みやすい小説でしたら三十分以内では読めるようになります）

まず、一時間くらいなら、何とかやりくりして時間を作れることもありますよね。そして一時間で読めたら、次々に出てくる登場人物や人間関係なども頭に残っている間に話は進んでいきますし、一時間前に読んだ最初の場面も頭に残っていますから、イメージも湧きやすいし理解もしやすいですよね。

記憶に残っている間に読み進めるので、何度も戻って読むということも少なくなります。

そうなんです、ですから速く読んだほうがよくわかるのです。

えっ!?　でもまだ「本当かな？」って不安ですか？

では、次の①と②の文章を読んでみてください。

①

むかし
むかし
あると
ころに
おじい
さんと
おばあ
さんが
いまし
た

②

むかしむかしあるところに
おじいさんとおばあさんがいました

13043
WORDS

①と②の二つの文章で、どちらが読みやすいですか？　②のほうが読みやすいですよね。

①は、単に文字が書かれているだけ。そんな気がしませんか。そこからイメージにつなげていくには「む」、「か」、「し」……の文字の羅列ではかなりしんどいですよね。

以前、甥っ子が四、五歳のときに大きな声で本を読んでいました。「む　か　し　む　か　し　あ　る……」もういいって？（笑）

彼は一所懸命、覚えたてのひらがなを一文字ずつしっかり読みながら桃太郎を読んでいるつもりなのですが、私には、「む」、「か」、「し」……にしか聞こえないんですよね。

実は皆さんもこのように、すぐに見てわかる言葉でも一文字ずつ力のいる、イメージの湧きにくい読み方をしているのです。

だからって「だったら今日から速く読もう!!」って思っちゃうとダメですよ。誰でも持っている脳力ですが、それをきちんと発揮するにはそれなりの準備も必要です。

脳の運動準備

昨今の脳ブームで「脳を鍛える」とか「脳トレ」って言葉をよく聞きます。クイズやクロスワードも「脳を鍛える……」ってタイトルになってますし。初めてお会いした人にご挨拶すると、その脳トレブームのせいでしょうか、私の名刺を見て「私の脳、もうダメなんです～！」とか「脳がもう働かなくて……」と助けを求めるような目で話される方も多いです。

なので私はいつも言います。「なんでダメなんですか？　なんかあったんですか？」って。そしたら皆さん、「物覚えが悪くて」とか「頭がスッキリしなくて」なんてことをおっしゃいます。

記憶力の衰退って、脳力の一つのバロメーターですよね。

でも、そんなに心配することないんですけどね～心配なんでしょうね。

覚えられない、という表面的な部分だけを見るので心配になりますが、「なんで覚えら

13774
WORDS

れなくなってるか」がわかれば簡単です。

振り返ってみると何でもいっぱい覚えられていたときって、知らず知らずのうちに繰り返している回数や、思い出す回数も多かったはずです。でも、最近では毎日の仕事や家事に追われて、覚えるために繰り返す回数や、思い出す回数、それにかける時間も減っているのではないでしょうか？

また、近ごろは便利な世の中ですから、ともすれば小学生のうちから携帯電話を持っていたりします。携帯電話がなかったころは、電話番号の十や二十は覚えてたりしてませんでしたか？

今は、皆さんの脳の代わりを携帯電話の電話帳がしてくれています。パソコンメールや携帯メールも普及してきているので、難しい漢字を読めても自分では書けない人もたくさんいます。

そうなんです、昔は自分の頭や脳を使って電話番号を覚えたり、漢字を書いたりしていましたが、今は自分の脳をちゃんと使っていないんです。

体を使わなければどんどん体力や筋力が落ちていくように、脳も使わなければ脳力を発揮できなくなってくるんです。

では、脳をスムーズに使い働かせるにはどうすればいいか――これも簡単な理屈で、体と同じように準備運動・マッサージをしてあげれば働きやすくなります。いきなり運動をするより、準備運動・マッサージをしてからのほうがよく体も動きます。

トップアスリートになればなるほど、準備運動は欠かしません。先ほどの中川選手もそうです。なぜなら、きちんと準備運動することで本番では最大限のパフォーマンスを発揮できるからです。

ということは、脳も準備運動したほうが最大限のパフォーマンスを発揮できると思いませんか。その準備運動にあたるのが速読トレーニングなのです。

14476
WORDS

第3章 脳を活性化する速読トレーニング

では、この章では、脳を活性化する速読トレーニングをしてみましょう。

前に説明したように、「この本の文章を一方的に読んでトレーニングする」だけでは、速読ができる状態になるのは難しいですから、速読できるようにならないからといって落ち込んだり、あまり固く考えないで取り組んでみてください。あくまで「体験してみる」、「体感してみる」というレベルで十分です。私の速読教室でも最初は、この章で説明するようなことを生徒さんにまずしてもらいます。

それでは説明を始めましょう。

脳を活性化するとは

脳の「トレーニング」ですが、力を入れて無理をするのではなく、ごく自然に自分の脳力を発揮できるような良い脳の状態を作ることが目的です。活性化することにより、自分の脳のパフォーマンスを最大限に発揮できるようになるからです。

その脳活性のためのトレーニング方法として、私は速読トレーニングをお勧めしていいます。もちろん、脳トレやさまざまな脳活性法がありますから、それらも駆使して、良い脳の状態を作っておくことが大切です。

良い状態ですから、頑張って力を入れなくてもちゃんとパフォーマンスを発揮できて、それぞれの目的（たとえば速読や、たとえば一五〇キロバッティング）達成に近づくことができるのです。

個人差について

速読のトレーニングは特殊なことをするのではなく、単純な作業の繰り返しです。人はそれぞれ性格が違ったり考え方も違いますから、その単純作業の繰り返しのなかでも、それぞれいろいろな疑問が湧いてきます。それによって停滞する時期や停滞する読書速度に差が生まれてきます。

同じトレーニングを受けていても、伸び方、伸び率は皆さん違います。どうしても周りの人の読書読度や伸び率が気になりますが、もともとの読書速度が違いますし、ましてや

15220
WORDS

性格も違うのですから、当然、全く同じ結果になることはありません。他人と比べてどうか？　ということよりも、「自分としてどう変化したか」を見ていくのが、よりベターです。

実際の講座の中では、多くの皆さんが疑問に思うポイントをクリアしていってもらいながら、個人個人の脳のブレーキを外すアドバイスをしていきます。

また、自分とは違う感覚の方たちの真似をすることで、「新しい感覚を体験する」ということもしていきます。

人には他人の感覚というものはわかりませんが、トレーニングという練習の場で感じることにより、新しい感覚も生まれてきます。

読書速度とは

読書速度とは、文字通り本を読む速さのことで、一分間に読めた文字数で表します。四〇〇文字／分程度が、大人から子どもを含めた平均的なスピードです。四〇〇字詰め原稿用紙一枚を一分間で読む速さで、ちょうど話す速さくらいです。

読書速読の分布

文字/分　　※学習成績で表示

3000～2000	有名高校・大学での首席レベル
2000～700	有名高校・大学での学生レベル
700～300	平均的な速さ
300未満	小学校低学年レベル

15852
WORDS

最初に文字の読み方を習った小学校で、教科書を先生についてみんなで音読したときのことを思い出してください。低学年のころは一文字ずつ思い出しながら読むのでとても遅いですが、中学年になるとすらすら読めるようになってきます。

このように、読書スピードは年齢によって異なります。また、本を読みなれているかどうかも影響します。

音読や言葉を話す速さと読書スピードは比例します。その理由は、黙読するときも発声しないだけで声帯《せいたい》を動かしながら読んでいるからです。

試しに、思いっきり早口で本を音読して速さを計ってみてください。頑張っても一、○

〇〇文字／分が限度でしょう。

ところで、読書速度とは一分間に読めた文字数と説明しましたが、単なる「読む」速さなのでしょうか。読書は、文字を見たり、認識したり、イメージを想い浮かべたり、洞察したり、思考したり、記憶したりなど、いろいろ総合的な知的活動ですよね。

一口に読書と言っても、これを細かくみると、次頁の図のように、見る、感じる、理解する、思考する、記憶する、ということが含まれています。たとえば「見る」速度以上に、「理解する」ことはできません。

読書を速くするには、これらのすべてのスピードアップをしなければなりません。だから、速読をマスターするということは、多くの知的活動のスピードアップをマスターすることでもあるのです。

平たく言うと「頭の回転」と言えるでしょう。頭の回転がいい＝頭がいい、と連想した方もいらっしゃるんじゃないですか。その通りです。

また、この読書速度は思考速度とも比例しますので、学習速度や試験の解答時間にも比例します。

たとえば、大学の共通一次試験の国語では、八十分の間に問題の文字数は約一九、〇〇

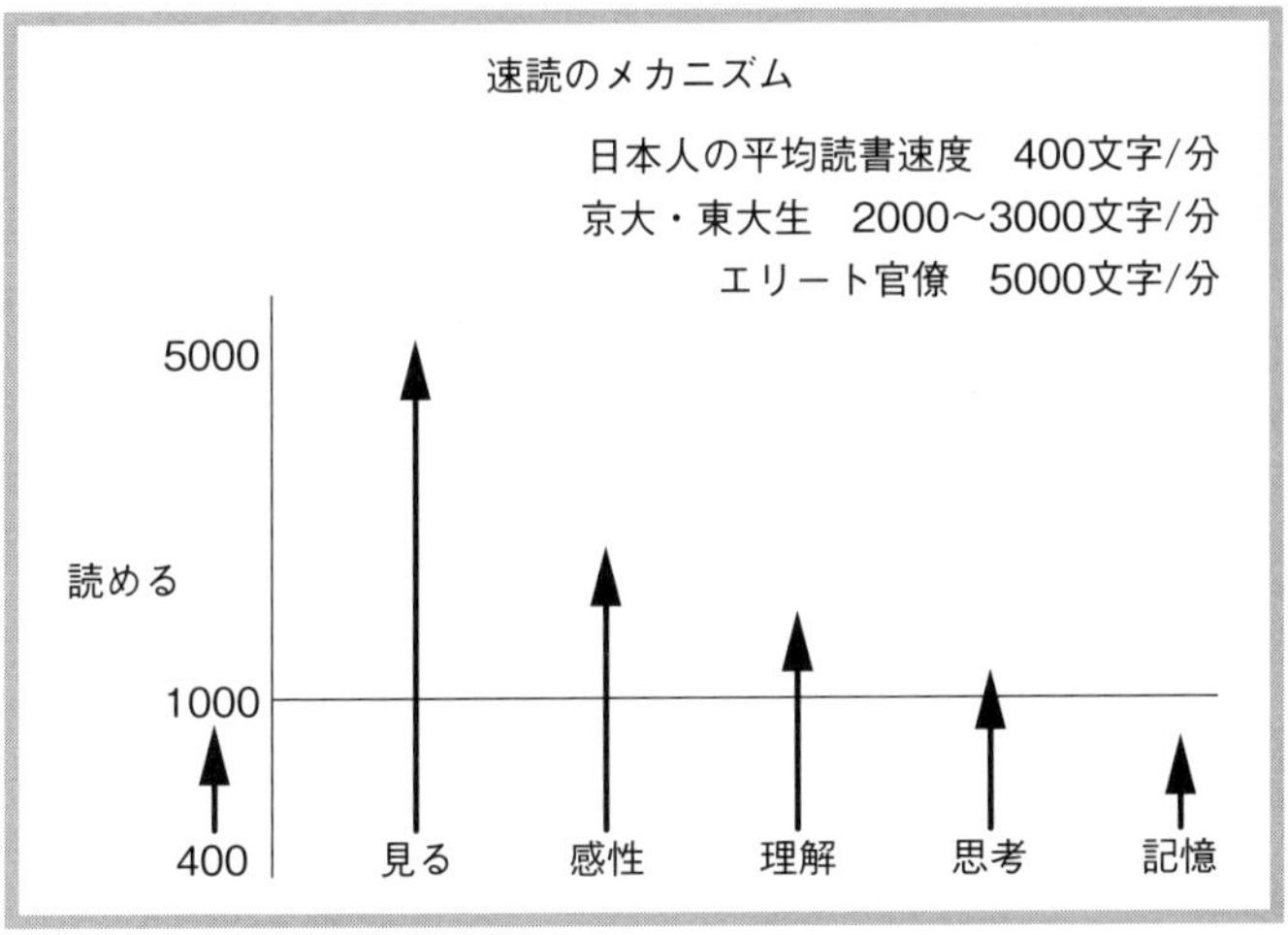

16589
WORDS

○文字なので読書スピードが四○○文字／分として四十七分かかります。ですから残りの三十三分間で考え解き、解答しなければなりません。もし、分速二、○○○文字／分だと九分で読み終わるので解答にかけることができるのは七十一分間となり、倍の時間で解答すればいいのです。ゆっくり考え、見直す時間もとれます。

またビジネスでも、情報を収集し、有益な情報を選り分け、さらに価値を付加する——情報リテラシー能力を飛躍的に高める——ことも可能です。これらは読書＝思考スピードを速くすることで可能になります。

分速二、○○○文字／分以上の速さで読むには、声帯を使わない読み方をマスターする必要があります。

どんなに早口で読んでも限界があるように、声にはしていないけれど声帯を動かす読み方、いわゆる黙読をしていると、その限界までの速さでしか読めません。

その黙読の限界値が分速二、〇〇〇～三、〇〇〇文字／分なのです。

一般的には、話す速さと読む速さは比例します。でも、声帯と読むことを切り離すことによって、読む速さを飛躍的にアップさせることができるようになるのです。

「読む」速さは「考える」速さ

では、読書と思考のスピードについてもう少し考えてみましょう。

読むということは、単に音声化することではありませんよね。私は読書のときに登場人物の感情や思考をイメージしながら本の世界に入り込んでいます。それがほかの人からするとかなり早いようです。ということは、考える速さやイメージする速さも知らず知らずのうちに速くなっていることを意味します。

皆さんもこんな経験したことありませんか。電車やバスで居眠りしてしまい、降りる駅を乗り過ごしたかと思いあわてて周りを見回し、思ったより短かい時間しかたっていなかった、なんてこと。

また、たとえば転んだり事故にあった人などが、「そのとき、風景がスローモーションのように見えた」と言っているのを聞いたことはありませんか。

実はそのときに頭脳は驚くほど速く回転しているんです。

速読は、その能力を読書時に発揮しているだけ。だから、誰にでもできることなんです。もちろん、あなたにも。

思考速度が速くなると、いろいろなことが楽になります。

たとえば、友達と話しているとき、会話の流れ以外にいろいろなしぐさから友達の思いがよく理解できます。それは、思考の速さが速くなったので、今までは会話の内容を把握するだけで手いっぱいだったのが、他のことを観察したり洞察する余裕が生まれたからです。

また、講演やレッスンの指導をしているときにも、私は生徒さん一人一人の状況がわかるんです。だから、マンツーマンでコミュニケーションを取りたいんですけど、私の体は

17416
WORDS

一つなのでたくさんの疑問に答えることしかできないことがとても残念に思うことも多々あります。

その反対に、速読のできる人たちだけで話すときってすごく気持ちいいテンポでストレスがないんです。きっと、考える速さが速いのですべてを話さなくてもわかってくれるからなんでしょうね。

速読の指導を始めてみると、考える速さの個人差がとても大きいことに気付かされました。文章を読む速さに違いがあるのと同様に、話を理解する速さが合わないと、伝えてることを理解してもらえないのです。

英語を聞くときに、内容は中学生英語のレベルなのにネイティブの速さについていけないので、相手の言っていることがわからなくなってしまうことってありませんか？

また、日本語でも、ラップをきいているとあまりにも早口なので歌詞が聞き取れないこってありますよね。

考える速さが遅いと、日本語の会話も理解できないことがあるんです。お子さんに速読をレッスンすると、「今までは授業の内容がよく理解できなかったんだけど、速読をするようになってからよく理解できるようになりました」と言われることもあります。

それはきっと「思考速度が遅い↓話されていることが理解できない↓わからない↓劣等感を持つ」という流れから、「思考速度が速くなる↓話されていることがよくわかる↓自信を持つ」という流れに変化するからでしょう。

それと同様に、同じものを見ても、経験や知識の差以外にスピードの差によって、感じ方、理解の仕方に差が生じてきます。ちなみに、これは情報の認識に差が生まれることになるので、その先の思考の方向性も当然変わってきます。これがさらなる個人差を生むことにもなります。

前置きが長くなりましたが、それでは簡単な速読トレーニングを実際に体験していただきましょう。

18158
WORDS

エクササイズ1
速読トレーニング前の計測

準備するもの

・読書速度計測用文章

読みやすい児童書のようなものがよいでしょう。とりあえず五八頁〜五九頁の「読書速度計測用文章1」を使ってください。また、別の読書速度計測用文章2を、巻末に掲載しましたので、どちらか気に入ったほうを使ってください（どちらかだけにしてください）。

読みづらければ拡大コピーしても構いません。

・六秒タイマー

誰かに計ってもらうか、キッチンタイマーや携帯電話のカウントダウン機能を使うといいでしょう。

・記録用紙（巻末頁）

メニュー

速読トレーニングをする前の普通の状態で、同じ文章を繰り返し読んで、どのくらいまで速くなるか確認します。

タイマーを六秒間にセットし、トレーニング文を六秒間読みます。このときの読み方は声を出さずに、普段新聞を読んだり小説を読んだりするのと同じように普通に読んでください。

無理やり速く読んだり、覚えようとしてゆっくり読んだりしないでください。

・一回目計測

読めた文字数を数えて、（一分間に換算するために）十倍してください。

そして、その計測値を巻末の記録用紙に記録（①）してください。

・二回目計測

一回目と同様に、同じ文章をはじめから繰り返し読んで、読書スピードを計測しましょう。

18684
WORDS

読書速度計測用文章1

日本人の読書速度の平均は一分間に五〇〇文字程度です。ただし、小学校一年生から 38
お年寄りまで含めた平均なので、高校生の平均は約六〇〇文字／分となります。当然、 77
個人差があり、速い人だと二〇〇〇文字に達する場合もあります。 109

読書速度は一般的に、会話する速さと、正比例します。つまり、早口の人ほど読書 146
速度も速い傾向にあるということです。 164

ところで、皆さんはご自分の読書速度をご存知でしょうか。 191

そして、その速さはほかの人と比較して速いのでしょうか、遅いのでしょうか？ 227

実は、読書速度は、勉強するときのスピードとも比例します。 254

それは、勉強には読むことが含まれているからです。計算をしやすくするために、 290
一〇〇％読んで勉強するとしましょう。 308
二〇〇〇文字／分の人と五〇〇文字／分の人を比較すると、同じ時間勉強しても、四倍 347

の差がついてしまいます。二〇〇〇文字／分の人が、二時間勉強する時、分速五〇〇文字 387
／分の人が同じ学習量をこなすには、八時間も必要になります。 416
これでは、差は開くばかりです。こんな不公平な事はありません。速読トレーニン 453
グはこの差を縮めることができます。短い時間でも効率良く勉強できるようになりま 491
す。 493

以下、同じようにして七回計測してください。

・三回目計測

・四回目計測

・五回目計測

・六回目計測

・七回目計測

一回目より速くなってきているでしょう。二回目計測から七回目計測の中で、一番多く進んだ数値の十倍も記録（②）してください。

目が疲れてきたら適当に休憩してください。決して無理はしないでください。

どうですか？　徐々に読める文字数が多くなってきていませんか？

「同じ文章だから速くなって当たり前」ですよね。

今はまず、文字からイメージする速さを上げていきたいので、それでいいです。何度か読んでいると、イメージする速度も速くなってくるので、結果的に速く読めるようになるのです。

また、何度も読んでいると慣れが出てくるので、あまり力まずにトレーニングに取り組めます。毎回違う文章を読むとなると毎回緊張の連続です。緊張状態では力が入ってしまい、良いパフォーマンスは出せません。そういう意味でも同じ文章を使っていきます。

エクササイズ2
眼筋トレーニング

両手の人差し指を顔の横あたりにそれぞれ立ててみてください（六二頁の図を参照）。幅は六〇センチくらいでしょうか。目の両端にギリギリ入るくらいの位置にします。

その状態で今度は六秒間、頭を動かさずに目だけで左右の指を交互に見て一、二、三

19213
WORDS

右見て、左見て
左右交互に指を見て
1回、2回、3回・・・・と

上見て、下見て
上下交互に指を見て
1回、2回、3回・・・・と

……と数えてください。数え方は片道でも往復でも構いません。往復の場合は見た回数を倍にして計算をしてください。

今度は上下です。顔のおでこのあたりと顎のあたりに、指を置いてください（図参照）。今度は視線を上下に動かして、また六秒間で何回動かせるか数えてください。左右のときと同じく、往復で数えた方は倍数にしてください。

これも一回だけで結構です。

エクササイズ3
毛様体筋トレーニング

今度は目の前一〇センチメートルくらいのところに人差し指を立てて、もう一方の手の人差し指をさらに三〇センチメートルほど先に立ててください（六四頁の図）。

まず近くの方の指にピントを合わせます。今度は遠くの方の指にピントを合わせます。

では、交互にリズム良くピントを合わせて、また六秒間で何回交互にピントを合わせられるかを数えてください。これも巻末の記録用紙に記入してください。

19585
WORDS

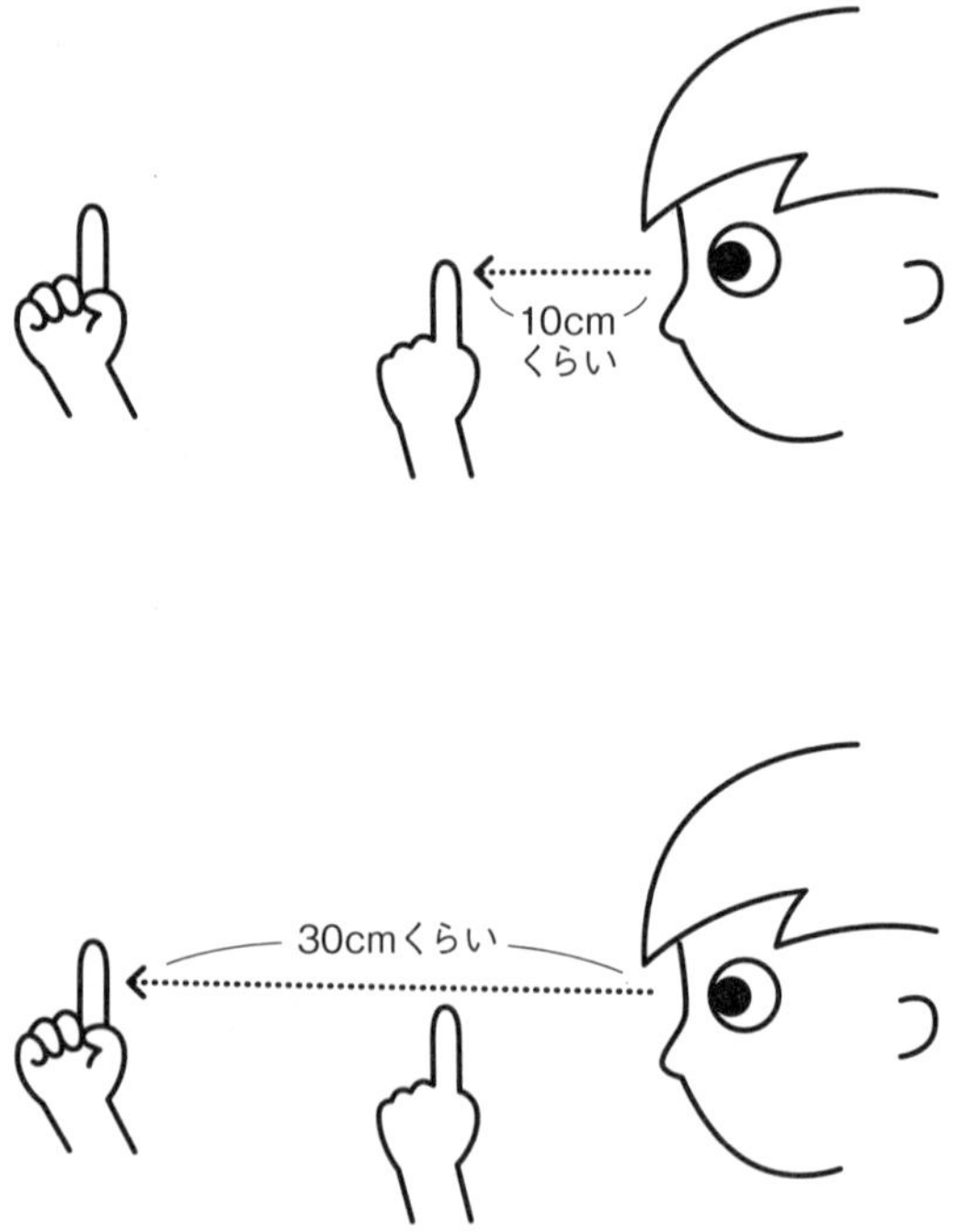

手前見て、向こう見て
手前と向こうを交互にピントを合わせて
1回、2回、3回・・・・と

こうした目のトレーニング時には、くれぐれも無理はしないでください。慣れない動きをするので、最初はすぐに疲れたり、しんどくなったりします。そんな場合にはすぐに中止してください。

本を読むのは目ではありません。まず目から入ってきた情報が脳に送られて、その情報を脳が処理していっている状態（理解や思考、想像など）が「読んでいる」という状態です。

ですから、目はカメラのレンズのような役目をしています。目のトレーニングは目のストレッチや準備運動のようなものです。脳も準備運動をしたほうがよいように、目も準備運動してあげた方がよいですよね。速読できている状態というのは脳の回転が速い状態です。速い回転とは高いパフォーマンスを発揮できる状態ですから、やはり高いパフォーマンスを発揮するには、同時に使う目も準備運動してあげたほうがより発揮できますよね。

目のトレーニング時の注意点

・目のトレーニングは、一日、一〜二セットぐらいまでにしておいてください。
・コンタクトレンズの方は外せる場合は外してください。
・疲れたり、しんどくなったらすぐに中止してください。

読書速度の推移

トレーニングを始めると、誰でも読書速度は伸びていきます。ただ、延々と右肩上がりに伸びていくわけではありません。階段状に伸びる時期と停滞する時期とを繰り返しながら読書速度は上がっていきます。

成長している時期、変化が見えている時期というのは楽しいのですが、その伸び方、伸び幅は皆さんそれぞれの性格やこだわりによって違います。また停滞する時期や期間も違うのですが、停滞している時期になると「もうアカンのかな〜?」「もう伸びないのかな?」って思ってしまいます。

停滞している時期ってなんか「ダメな時期」というイメージがありませんか? ありますよね! でも、実は停滞している時期は、それはそれでとても大切なのです。

なぜ停滞期が大切なのでしょうか。それは停滞とは、「そこで安定している」ということですから、「自分のものになっていっている」ということです。その停滞期が自分の普通の速さになったのなら、その読書速度を基礎にしてまた上がっていけるのです。

皆さんも、何年も続けてきた基礎があるから、これから読書速度が上がっていけるのです。

速読トレーニングは「素振り」

実際の速読のトレーニングでも、何度も同じ文章を使ってトレーニングをしていきます。

何度も繰り返して読むのなら速くなって当然!!　なんて思います。

たしかに、何度も読んでいる文章なら速く読めるようになりますが、速読トレーニングのなかで同じ文章を使う理由は「速く読むためのきれいなフォーム作り」なんです。

野球やテニスなど、スポーツでいうと素振りです。

きれいな素振りができればきれいなフォームで打ち返すことができます。

きれいなフォームというのは、無駄な動きや、余計な力が入っていないフォームのことです。無駄な動きがあれば豪速球には追いつきませんし、余計な力が入るとすぐに疲れてしまいます。

読書も同じです。速く読めるきれいなフォームが整えば、無駄な力を使わずに長時間読書ができるようになるので、疲れもあまりありません。

「読書は疲れる」という方が多いと思いますが、それは余計な力を使う読み方をしているから疲れるのです。

エクササイズ4 文章を読まずに速く見る

では、今度は計測用文章（五十八頁〜五十九頁）に戻りましょう。

先ほどは何度か読んでいただいた文章ですが、今度は読まなくていいので、同じ六秒間で文章の縦の行の一番上と一番下を交互に見ながら左横の行にどんどん移っていってください。とにかく文章の上下を見るだけでいいです。

何が書いてあるか？　は意識しなくて構いません。できるだけ速く、文章の意味がわからないくらいに素早く見てください。

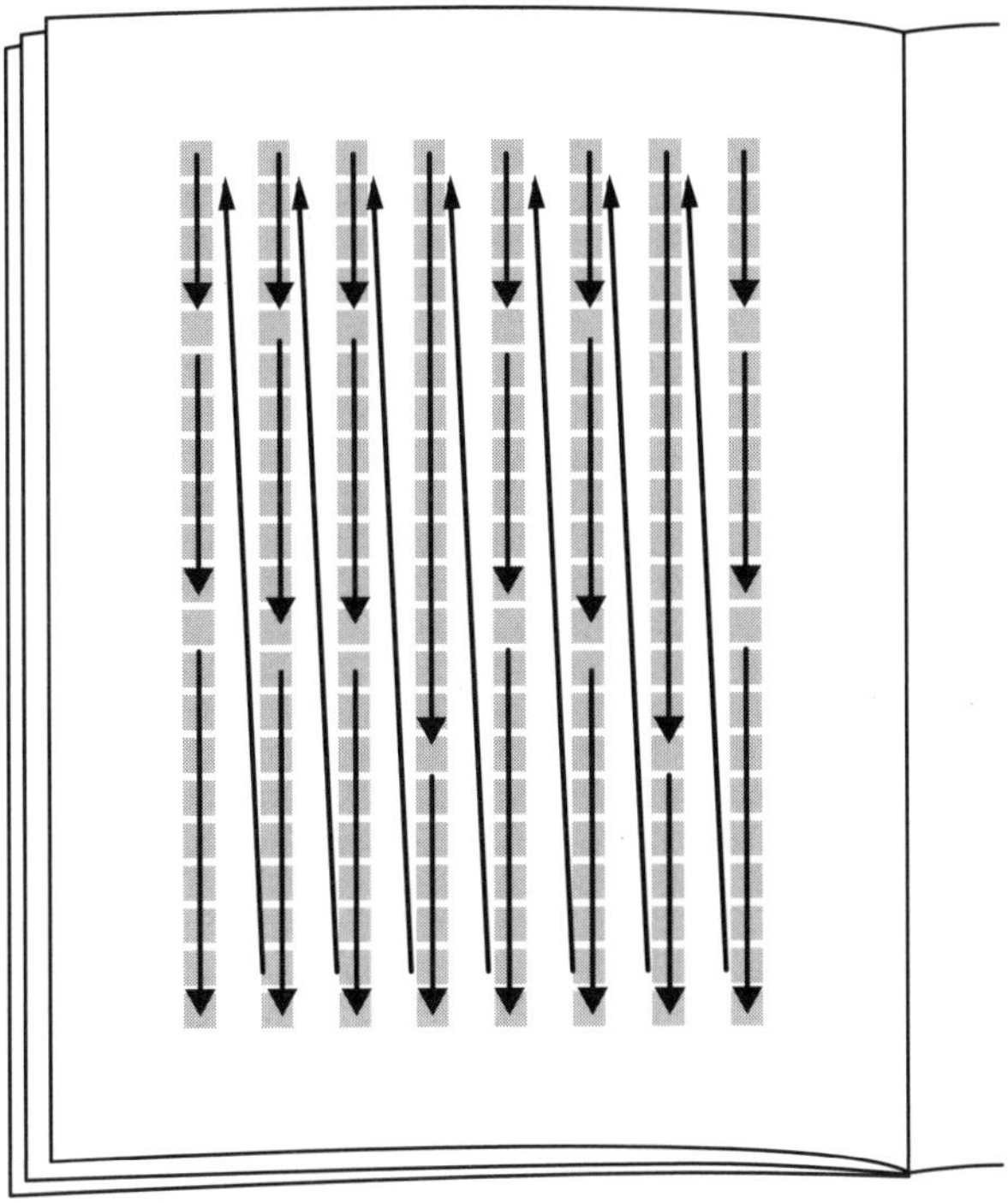

21135
WORDS

どうですか？　うまくできましたか？

では六秒間、文章の上下を順に見ていくことを五、六回繰り返してください。

このときに目が疲れたらすぐに休憩してください。

エクササイズ4のポイント

・文字が目の前に出てくると、どうしても読もうとしてしまいますが、文字と思わずにどんどん見てください。

・上下をリズミカルに「トン♪トン♪トン♪トン♪……」という感じで見てください。ちょっとぐらい行が抜けてしまっても気にしないでください。

・瞬《まばた》きを忘れないようにしてください。

・目を見開いてたくさん見ようとしないでください。たくさん見ようと目を大きく開くと、力が入って効果は半減します。

・見るだけの感覚がわかりにくい場合は、六秒間で見開き二頁をめくるくらいのスピードで見てください。

・速すぎて一行ずつだと目が追いつかない場合は、丁寧に一行ずつの上下を見なくてもいいです。大ざっぱに上下に動かしてください。

エクササイズ5
もう一度読書速度計測

では、最初にエクササイズ1で読んでいただいたように、同じ計測用文章を普通に読んでください。

六秒間読むのを三回繰り返してください。三回のうちで一番多く読めた文字数の十倍の数字を記録用紙に記入（③）してください。

どうですか？　最初に読んだとき（記録用紙の「トレーニング文初見」）と比べて速くなっていませんか？

では、今度は先ほどまでのエクササイズでは読んでいない文章を読んでみましょう。計測用文章を使用された方は、まだ使用していないほうの文章を読んでください。お手持ちの本でエクササイズした方は本の違う頁か別の本を読んでください。こちらも最初のように簡単な読みやすい文章にしてください。

六秒間読んでください。そして読めた文字数の十倍を記録（④）してください。

もう二回、六秒間読んでください。そして三回のうちで一番多く読めた文字数の十倍を記録（⑤）してください。

見ていただきたいのは①と④です。①と④が初めて読む文章の初見の読書速度です。どうでしょうか。速く読めるようになっているでしょうか。もしかしたら、速くなっていない方もいるかもしれません。

どうしても本の中での言葉の表現だけでは私の伝えたい細かいニュアンスが伝わりませんので、「こんなんでいいのだろうか？」なんて不安に思いながらトレーニングを進めていた方もいると思います（私も過去に通信教育でやったときはそうでしたから）。でも、読書速度は変わらないけど「なんだか読みやすくなった」方も多いと思います。

先にも書きましたが「本などだけでは速読できるようにはならない」ので、ここに書いたトレーニングでは、皆さんが想像する「速読」というレベルのものまでにはなりません。脳がいつもよりは活性化して少し速くなったり、読みやすくなったり、というものが感じられる程度です。

文章だけでお伝えできる最低限のトレーニング、さわりを体験するためのトレーニングと考えてもらえれば幸いです。

22342
WORDS

第4章
「あやしい」速読なんでも相談室

さて、ひと通り速読トレーニングを体験してもらいました。脳が活性化された方、それほどでもなかった方も、さらにいろいろと疑問がわいてきたことと思います。そこで、この章では、そんな「あやしい」速読についての、さまざまな疑問・質問に答えていきたいと思います。

私が実際に速読教室やセミナーをするときに多く聞かれることを中心にまとめましたので、皆さんが思われる「?」も、きっとあることと思います。また、このFAQ（よくある質問とそれへの回答）を読んでいただくことによって、皆さんの速読に対する理解が深まれば、もっと脳が活性化しやすくなったり、結果として速読できるようになると思います。

学生の方や、資格試験などの勉強をしている方からの疑問・質問

「成績は良くなるの?」

勉強時の効率も上がるので、同じ勉強時間でもより多くの問題に接する機会が増え、今

まではより勉強もはかどります。

普通の読書スピードであれば、一頁(一頁が約五〇〇字として)/分です。たとえば、速読をマスターして、歴史の教科書一〇〇頁を読むときに最初の読書速度が一〇頁/分だとすると、一〇〇頁÷一〇頁/分=一〇分間で読み終わります。

ところが、二回目になるとさらに速くなるので分速二〇頁とすると、五分間で読了。さらに速くなり、三分間、二分間、一分間となるので、普通は一〇〇分間で一回しか読めないところが、同じ時間でも十数回以上も読めるようになります。同じ時間で一回しか読めないのと、十数回以上読んでの記憶率の定着率の差は歴然としています。

速読をしただけでは勉強ができるようになるわけではないのですが、できる問題であれば同じ試験時間でより多くの問題を読んで解くことができることにより、テストの点数は上がります。

「時間が無制限にあれば試験で八〇点取れたけど、問題の途中で時間が来てしまい最後まで解答できなかった」というような場合、速読をマスターしていると時間切れということがなくなります。いくら時間があっても手も足も出ない問題が解けることはありませんが、時間をかければ解ける問題はすべてクリアできます。

勉強時の効率も上がるので、同じ勉強時間でもより多くの問題に接する機会が増えるので、今までよりは勉強もはかどります。

よく「速読すれば勉強ができるようになる」と勘違いされる方がいますが、私はいつも皆さんに言います。

「速く読めるようになって、その能力をどう使うかですよ。どんなに速く読めても勉強しなければ成績は良くなれへんよ。だって、どんなに速く読めても、私は勉強せえへんから東大も京大も行かれへんでしょ！」って。

ということで、速読できる状態で勉強すれば、それは最大限に脳力を発揮できることになります。

「集中力はつきますか？」

脳が活性化され高速回転をしている状態ですので、今までよりもより集中できるようになったり、より長時間集中しても疲れない、という状態になってきます。油をさしたらよく回るようになった歯車のようなイメージです。きちんとお手入れをして、油を点してあげると長時間でもスムーズに回っているでしょう。

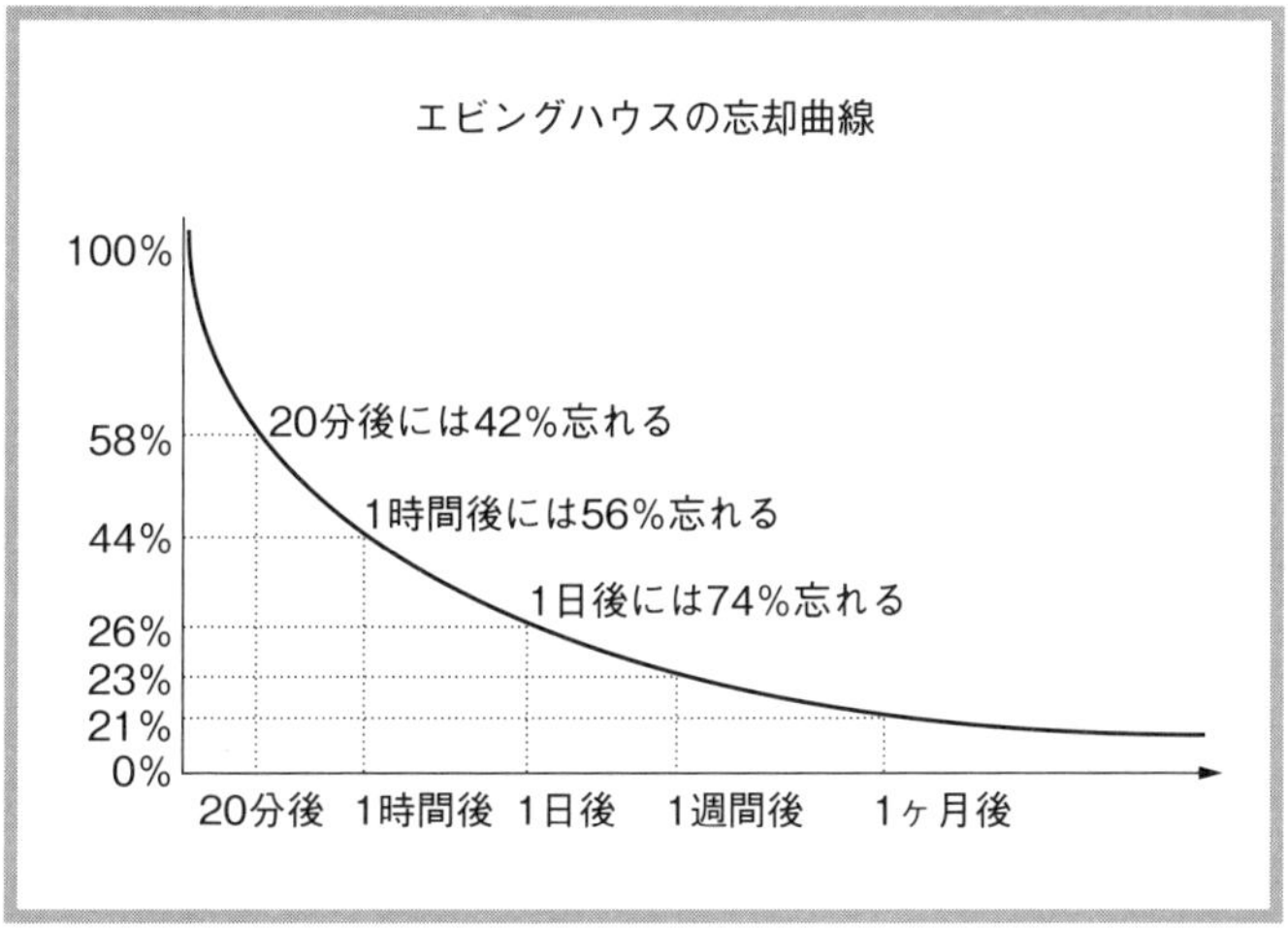

エビングハウスの忘却曲線

「記憶力は上がりますか？」

「覚える」というのは、繰り返しを重ねることにより記憶として定着します。

その繰り返しにかかる時間を短縮することにより、忘れる前にさらに記憶の上書きをしていくので、トータルでは同じ時間で覚えられることは多くなります。また、短時間で繰り返せることにより、記憶効率も上がります。

テレビのコマーシャルなんかは覚えようとしなくても、毎日毎日シャワーのように勝手に流れてくるので、気付いたら鼻歌で歌ってしまってたりしませんか？　しかも、特に好きでもない歌なのに。時々、何のＣＭの歌なのか自分でもわからず歌っていることもあります（笑）。恐いですね、ある意味刷り込みです。でも、繰り返せば勝手に覚えてしまうのです。わかりやすいですよね！

「速く読んでも理解できてなければ試験には使えないのでは？」

この質問は二つのことを含んでいます。一つ目は理解のこと、二つ目は記憶に関してです。試験に答えるには最終的には記憶してないといけませんからね。

まず、理解についてですが、読んでいる状態（感想、感動、喜怒哀楽や理解など）は従来と変わらないので、速く読めるけどわからない、ということにはなりません。

今、皆さんが速読（だと思われる行為を）しようとすると、いわゆる斜め読みや飛ばし読みになったり、理解できない速さで本をめくっていく、ということになりますよね。それは、無理やり意識して速く読むコツやテクニックとして読もうと読んでいますので、本来の速読ではありません。速読とは、あくまでも読んだ感覚は以前のゆっくり読んでいるのと同等の理解度を持っているものです。速く読める脳の環境を整えてあげると、実は皆さんの予想に反して速く読んでいるほうが理解度は良くなっています。

そして、記憶に関しては、繰り返しになりますが反復回数がポイントです。三十回読んで覚えるのは、二十九回忘れることを繰り返した後に覚えられるということです。この際、二十九回忘れる学習を効率よくこなすことがポイントとなります。

具体的な例を示すと、例題で学習するとしましょう。問題集を二冊買ってきて、一冊は答えを書き込み、例題集にします。例題集を三〜五回繰り返し読んだあと、もう一冊の問題集を解いてみます。そして、解けた問題と解けない問題に分類します。コツは一分間考えても解き方がわからないときはあきらめて、解けない問題に分類します。

ここからが本番ですが、解けない問題を例題集で再学習します。すると、時間のロスを出さずに一冊まるまる解き方のパターンをマスターできます。

時間をかけても効果の現れない勉強を分析してみると、「無駄な時間が多い」ことがわかります。ほとんどの試験は模範回答があり、それを覚えているかをチェックするものです。創造性を試すものは少ないのです。ですので、考えるのではなく解き方のパターンを覚えるまで、反復練習を繰り返すことが重要です。

それが、記憶するということです。


「全部覚えてるの？」

答えはノーです。テレビ番組などで、本をパラパラとめくって一瞬で読み切り、質問に

24878 WORDS

完全に答えたり、「×頁の△行目に□□と書いてある」などと答える驚異的な映像が流れ、その印象が皆さんにあまりにも強く残っているんでしょうね。

もし今までの読書で、「一度、読んだことはすべて記憶している」という人であれば、速読でも同様の結果が得られます。でも、それはレアケースですよね。一般に、強く印象に残ってるのは一部分だけです。普通は朝読んだ新聞の内容でもほとんど覚えてませんよね。

ご参考までに、誰でもできる記憶力の鍛え方をご紹介しましょう。記憶の場合も二つに分けて考えることができます。一つ目は覚えること、二つ目は思い出すことです。

認知症のエクササイズに「毎日、何を食べたか日記に記す」という方法があります。その応用で、「毎朝、新聞を読み、夜に朝読んだ新聞の内容を記す」という方法です。同じように、「本を数日かけて読んだあと、本を開かずに内容を文章にまとめる」というのもあります。これもポイントは、「読んだあとに、ほかのことをした後でも内容を確認する」ことで、客観的に把握する観点と記憶力、論理的にわかりやすい表現力をトレーニングすることができます。

25353
WORDS

速読トレーニングによるいろいろな効果（勉強面）

・本を読むスピードが速くなった。

・初めて読む本でも読書速度が上がった。

・本を読むことが好きになった。

・まず、読むことの意味が変化したように思う。以前は、読むといえば文字をすべて言葉に出したり頭の中で言葉にならないと読んだ気がしなかった。今は入ってきた文字を理解したと感じられるようになったと思う。

・自分の中にあるデータを引っ張り出しやすくなった。

・学校では国語の文章問題をしっかり読めたりして、テストの点数が上がった。

・理解力がめちゃめちゃついた。

・理解が深くなったように思う。

・「脳」が気持ちいい。

・テストの時間が長く感じる。

・数学の計算が早くなった。

・字を書くのが早くなった。

・暗記できる量が多くなった。

・記憶力が良くなった。

・記憶力が抜群に上がった。

・授業中にノートをとらなくても頭に入るようになった。

・考えをまとめる時間が短くなった。

・頭がちょっとよくなった。

・勉強が楽になって楽しくなった。

・速読をしていろいろ考え方が変わって、あまり楽しくなかった学校も最近楽しくなってきたので速読を習えて良かった。

（生徒さんへのアンケートから）

「何でも一回で覚えられるの？」

何でも一回で覚えられるようにはなりません。それは脳の機能としてそうできていないからです。読む＝全部覚えてる、というのは普段の生活でもありません。映像など勝手に映像や台詞が飛び込んでくるものでさえ、全部覚えていることはないのですから。

ただ、今でも全部読んだら何が書いてあったかはわかりますよね。それと、覚えているところはまず興味のあるところです。それから、意識して覚えようとしたところ。あとは前項でも書きましたが、覚えるには繰り返しインプットをしてあげることが大事です。そして、適切にアウトプットをすれば、より自分のなかに入っていきます。記憶するには短時間での繰り返しが有効です。

「外国語でも速読できますか？」

日本語で速く読めるようになれば、読める言語であれば外国語も速く読めるようになります。ただ、何語でも同じ速さで読めるということではなく、以前よりも速く読めるということです。

今までも、日本語は普通に読めていても英語や中国語などの外国語は遅くなっていたと思います。つまり、速読できるようになった日本語を基準にしながら、外国語も以前より速く読める、ということです。当然、ゆっくり読んで訳せるものであれば、速く読めるようになっても訳せます。

ちなみに、よく見かける参考書や問題集の「英語速読」などは全く別物です。それらは、ネイティブのスピードを速読としているのに対し、私の勧める速読はネイティブより速く読むことを基準にしているからです。

社会人の方からの疑問・質問

「仕事の役に立つの？」

はい、速読トレーニングをすることで、脳の回転数が上がると今までの二歩も三歩も先を読みながら仕事ができるようになるので、時間や気持ちの余裕ができ、仕事もうまく進めていけます。営業の方などは「お客様のちょっとした表情の変化に気付くことができ、話題を変えることで信用が深まり、契約がもらえた」という声もあります。

「コミュニケーション能力はアップしますか？」

アップしたという感想はたくさんいただいています。速読をすると時間の感覚が変わり、物事に冷静に対処できるようになります。また周りの人への見方が変わり、かける言葉も変わってきますので、コミュニケーションもスムーズになります。相手の気持ちもよくわかるようになるので、頼りにされたりもしますよ。

「経営の役に立ちますか？」

私の速読教室では、多くの経営者の方が受講されています。今はグローバル化が進み、世界の情報を役立てることによって躍進している企業がたくさんあります。情報競争において、速読は大きな武器になります。また、多くの情報を吸収することによりアイデアがひらめくようになるのも経営のメリットになるのではないでしょうか。

「事務作業にはどう活かせるの？」

見る、読む、計算、考えるなどの思考活動や書く作業がスピードアップするので、仕事なども速く済ませることができ、心理的にも余裕が生まれるのではないでしょうか。

パソコンのキーパンチの速度が速くなったという声もあります。

「営業にどう活かせるの？」

どうしても営業になると、自分の持ってきた商品やシステムを提案することで頭がいっぱいになりますが、お客様が今、そこに興味を抱いているか否かを表情から読み取れたり、それに気付いて話題をいったん変えたりしながら良いタイミングで改めて提案することができるようになります。もちろん、その日のうちには無理で日を改めるということもあるでしょうが、その辺りの見極めもできるようになります。

「工場などの作業現場でも役に立つの？」

事故防止につながると考えられます。速読トレーニングをすると視機能と脳機能が向上するので、危険を察知する能力が高まるとともに反射神経もよくなるので、事故を起こしにくくなります。また、作業ミスも減ってきます。

26932 WORDS

速読トレーニングによるいろいろな効果（ビジネス面）

・（今までと同じ量の）仕事が、今までの半分の時間でできるようになった。
・考えをまとめる時間が短くなった。
・一度にできることが増えた。
・空き時間で情報整理などができ、報告・連絡・相談に利用できている。
・仕事の能率も良くなったような気がする。
・メールの処理が速くなった。
・メールの返信や情報整理のスピードが上がり効率が良くなっている。
・今までは目を通さなかった新聞の記事にまで目を通すようになった。
・予定がどんどん入ってきても、こなせる自分にビックリした。
・複数で押し寄せてくる仕事が以前に比べ、積み残しが減ったように感じる。「テンポ良く判断できているのかな？」と多少感じている。
・スケジュールの取り方がうまくなった。
・会議の時間が従来は2時間だったのが、40～50分に短縮されてきた。

・アイデアがどんどん湧く！　本を読みながら仕事のアイデアが浮かぶようになった。

・整理するのがうまくなった。

・仕事に遊びに活用できている。

（生徒さんへのアンケートから）

「質の高い情報が得られるの？」

質の高い情報が一つ、二つの情報からピンポイントで効率よく得られればいいのですが、最近は真偽のほどもわからないくらい、多くの情報が飛び交っています。インターネットやグーグルでの検索などでもそうでしょう。そのなかから、本当に欲しい質の高い情報を得るには、より多くの情報を取り入れて選別しなければなりません。

速く文章が読め、判断力も速くなっていれば、質の高い重要な情報に出会える確率は上がるのではないでしょうか。

「速読して何になるの？」

多くの生徒さんの速読受講の目的は、実は読書ではなく、ご自身のスキルアップであったり、自己変革であったりします。

速読というツールを利用して、多くの書物を読み知識を増やしていくことにより、より人間として豊かになります。また多くの知識を得たり勉強したりすることで、資格取得につなげたり、社内の地位アップにつなげたりも可能です。

また、たとえば音楽や芸術関係にいらっしゃる方では、視野が広がりバランスが良くなり、また心にゆとりが出てくることにより作品や演奏にも幅が広がり、より良い作品作りにつながります。

速読とは本を速く読むことと単純に思われがちですが、私のレッスンを受けて速読ができるようになっても、本を全く読まない！方もいらっしゃいます。速読できる脳力を自分のいろいろな場面にいかに活用するかが大事なのです。ですから、速読とは自分を変えるための手段であって、目的や目標そのものではないのです。そのツールをどう使うかはあなた自身によります。

その他多くの方からの疑問・質問

「どうやって読んでるの？」

一番よく聞かれる質問ですね。普通に読んでいます。と言ってもわかりにくいでしょうが、今皆さんが読んでいるのと同じように普通に読んでいる感覚なのですが、目は文章を一行ずつ追っているわけではありません。複数の単語や行を同時に視野に入れながら読

27725
WORDS

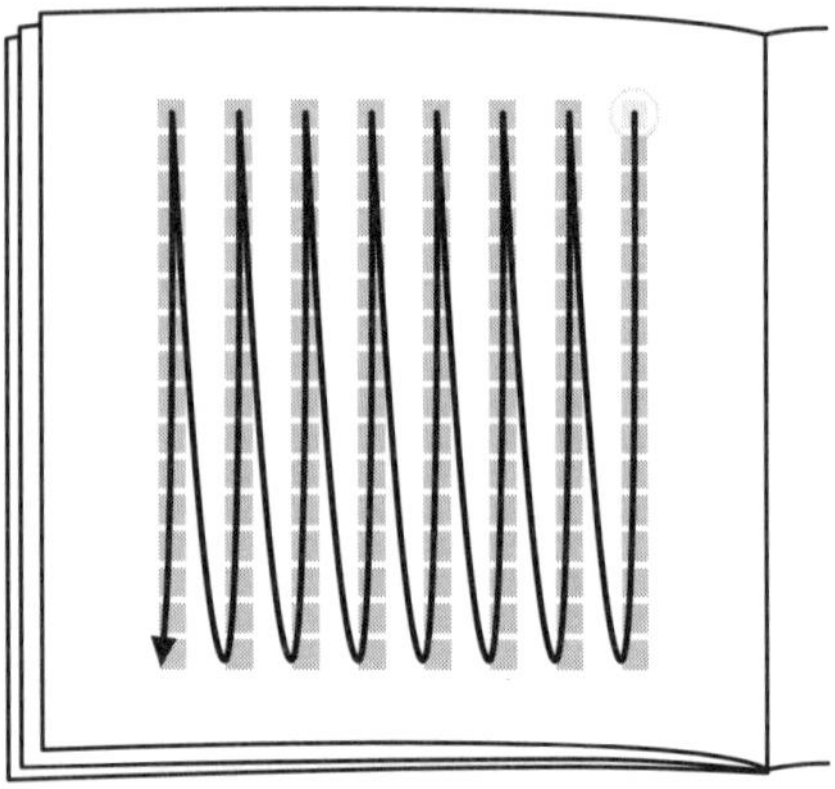

速読トレーニングをしていない人

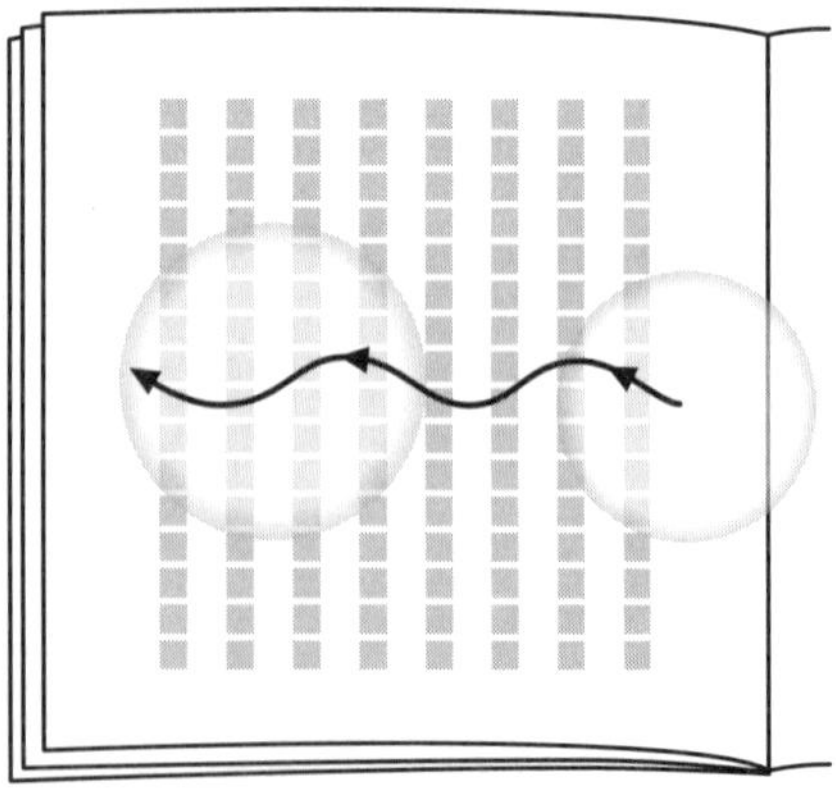

速読トレーニングをしている人

み進めています。ですから、目の動きとしては一行ずつ素早く上下に動いているのではなく、行の真ん中あたりを波打つように進んでいます。ピンスポットのような従来の読書時の視野ではなく、サーチライトのような周囲の文字まで同時に入ってくる視野です。

「そんなんで読めてるの？」

これも、前項と同じくらい多くいただく質問です。ちゃんと普通に読めていますよ。

読書時の感動や喜怒哀楽は変わりません。目から一度に入ってくる情報量が多くなり、またその一度に入ってきた多くの情報を処理していく脳力を先にきちんと身につけているので、従前と同じ味わいで読めるのです。ですから、今、皆さんが急にそんな読み方をしようとしてもなかなかできないのですが……。

と、ここで「一度に情報が大量に入ってくる=文章が順番になってはいないじゃないか？」と思われるかもしれません。文章はキチンと順番に処理しなければ何が書いてあるかわからない、と思っていませんか？

例えば、連続ドラマがあります。

「連続」ドラマというくらいなので、一回、二回、三回と順番に見ていきますね。で、たまたま用があり、何回目かの回を見逃して最終回になります。で、少しモヤモヤした感じで最終回を見ます。で、数日後に見ていない回だけレンタルして見たりすると、話の辻褄《つじつま》が合ってきますよね。見ているだけで、脳がストーリーをきちんと組み立ててくれるのです。ですから、読書時も同じようなことが脳内で起こっているのです。

「何式速読なの？」

特に何式かにはこだわっていません。さらに効果的な方法があれば、どんどん取り入れていくので……。ただ、こだわっているのは「脳力を鍛える」ということです。「速読」は、一つの結果にしかすぎません。ベースは「脳力を上げる」ことです。

「目が悪くなることはありませんか？」

速読のトレーニングによって目が悪くなることはありません。というか、良くなる方がたくさんいます。近視、乱視、遠視などが改善されたという報告がたくさんあります。

かく言う私も、もともと視力は二・〇あったのですが、速読トレーニングを始めるころには一・五くらいまでに落ちていて、三十代前半にもかかわらず老眼が始まりだしていました。速読トレーニングを始めてからは老眼はなくなり、今ではスッキリ見えています。

生徒さんからも「メガネやコンタクトレンズをしなくてもよくなった」、「健康診断で視力を測ったら視力が上がっていた。」などの声をお聞きしています。それから「視力は変わらないけれど、疲れにくくなった」などの声もあります。いずれも、皆さん個人の体感ですが。

「目が疲れませんか?」

トレーニングをはじめた最初のころは、慣れないし力が入ってしまうので疲れますが、徐々に疲れなくなります。理由は二つあります。

一つ目は目の筋力が付くからです。視線を速く動かすエクササイズで目の筋力をアップすると、瞬発力と持久力が付いてきます。

二つ目は目の疲れない見方が身に付くからです。細かいものを長時間見続けると目の疲労を感じますよね。針仕事とかパソコン上の作業など。速読トレーニングでは、多くの文字を瞬時に読み取るために視野を広げる習慣を身に付けるので、長時間本を読んでも疲れ

29045
WORDS

にくくなります。
この二つの相乗効果で疲れにくくなります。

「動体視力は上がりますか?」

上がります。動体視力の定義はさまざまありますが、一般的に「横方向(平面方向)と縦方向(遠近)に動くものを認知する能力」のことを言います。この能力は、速い動きを追う眼機能と見た情報を認識する脳機能とが、バランス良く働くことによって発揮されます。
速読トレーニングには視線を動かすエクササイズと、遠近の焦点を交互に見るエクササイズに加え、文字を認識するのをスピーディーにするエクササイズ(文字を読まずに速く見る)が含まれています。

だから、一五〇キロのボールが見えるようにもなります。もちろん見えるだけでは打てません。脳の回転速度を上げてあげることにより、見えた速さに反応できるようになるからです。当然、私はそれが目的ではなかったんですが……（笑）。

「スポーツにどう活かせるの？」

素早い判断力が身に付きます。視野が広がり、認識力が上がるので、周りの状況が瞬時に把握できます。また、思考スピードが速くなるので、状況に対する適応ができるようにもなります。そして、脳の運動に関する反射もよくなるため、スピーディーに上手に体を動かすことができるようになります。

当然、基礎練習をしていることが条件になります。野球やバスケットボールのチームで速読を導入しているところもあります。そこでは、試合前に頁をめくる練習をしています。ちょっと不思議な光景です。あるとき、偶然にも対戦するチーム同士に速読指導をしていたことがあり、両チームともウォーミングアップ時に速読トレーニングをしていることもありました。他のチームから見るとかなり異様な光景ですね（笑）。

29750
WORDS

「音楽にも活かせるの？」

活かせます。音楽は一音、一音がきちんと出されていることが大事なのは当然ですが、全体の流れの中での音でなければなりません。

いくらきれいな「ド」の音が出せても、次の音との連続性や全体の流れがなければただの「音」としての存在になってしまいます。

速読をすることにより、今演奏している音だけではなく、先の流れを頭の中で読み取りながら演奏していけるので、演奏としてもよりクオリティが上がります。しかも、余裕が生まれますからミスも減ります。

小学生もしくは小学生をお持ちの親の方からの疑問・質問

「本を好きになりますか？」

好きになる子が多いです。速読トレーニングで本をめくる練習をしますので、本をめくる癖がつきます。本をめくっていると中の写真や絵、文章が頻繁に目に飛び込んでくるので、だんだん好奇心が膨らんできて読みたくなるのでしょう。

小学生対象に体験レッスンをしていると、「本が嫌い」と言ってた子が最初の三〜四倍もの速さで楽に読めるようになったりします。また「楽しい！」と感じてくれ、改めて友人を数人連れてきてくれたりもします。うれしいですね。

30226 WORDS

主婦の方からの疑問・質問

「主婦には関係あるの？」

大ありです。スキルアップも勉強も関係ないから……なんて思っていませんか？　私が皆さんにいつもお話するのは速読の方法ではなく、「いかに脳を活性化させて脳力を発揮させるか！」です。

人が生きていくうえで、脳はとても重要です。その脳をキチンと使えるようにするだけなんです。家事をするにも、脳は必要ですよね！　ですから、主婦の方にももちろん関係ありでしょう。

また、物事を面倒くさいとあまり思わなくなるので、「最近は手の込んだ料理をよくするようになった」なんて声も多く聞きます。家事もテキパキとできるので、自分の時間が増えたと喜んでいる方も多いです。

速読の応用範囲

受験	幼児教育	読書
ビジネス	認知症予防	趣味
情報収集	学習	能力開発

「元には戻りませんか？」

元には戻りにくいです。なぜなら、速読をマスターすると、読書そのものが速読になります。すると、文章を読むことが復習になり、速読を忘れることはないのです。メールや道路標識などであれ、文字を全く読まない日は少ないでしょう。一度、自転車の乗り方を覚えてしまえば、久しぶりでも乗れるのですから、毎日繰り返している読書を忘れることはありません。

その他の疑問・質問

「一五〇キロのボールは、一分間に何文字読めるようになったら打てるんですか？」

この質問はよくいただきます（笑）。「速読」ですから、一分間の読書速度が「〇〇〇〇文字／分」という数値を出しますので、何文字かで読めるようになったら一五〇キロのボールが打てる、と思われがちですが、読書速度は関係ありません。

脳が活性化されている状態がまずあり、バットでボールを打つという基本的なことができれば誰でも打てます。野球をしたことがなくても、テニスや卓球、バレーボールなどが遊びでもできれば——要はボールを打つという行為ができれば——誰でもできます。ただ、これもすべての方がすべての球種を打てるわけではありません。

野球の練習をしていない私は、人が投げたいろいろな変化球に対応する練習はしていませんので、バッティングセンターのボール以外は打てるかどうかわかりません。でも、そのいろいろな球種に対応する練習をしている人たちは、打てる確率が上がりますよね！

「呼吸法などはしなくて良いのですか？」

しなくていいです。理由は、速読と呼吸法は直接的な関わりは少ないからです。また、呼吸法の習得には多くの時間がかかりますので、わざわざ遠回りの道を選ぶ必要はありません。

もちろん、リラックスするためには呼吸法は有効です。興奮状態のときは交感神経が働いていますが、深くゆったりした呼吸をすることによって副交感神経が働き、リラックスできます。併用することは悪いことではありませんので、現在されている方に無理に「するな」と言っているわけではありません。

31357
WORDS

第5章

脳力開発のメソッド

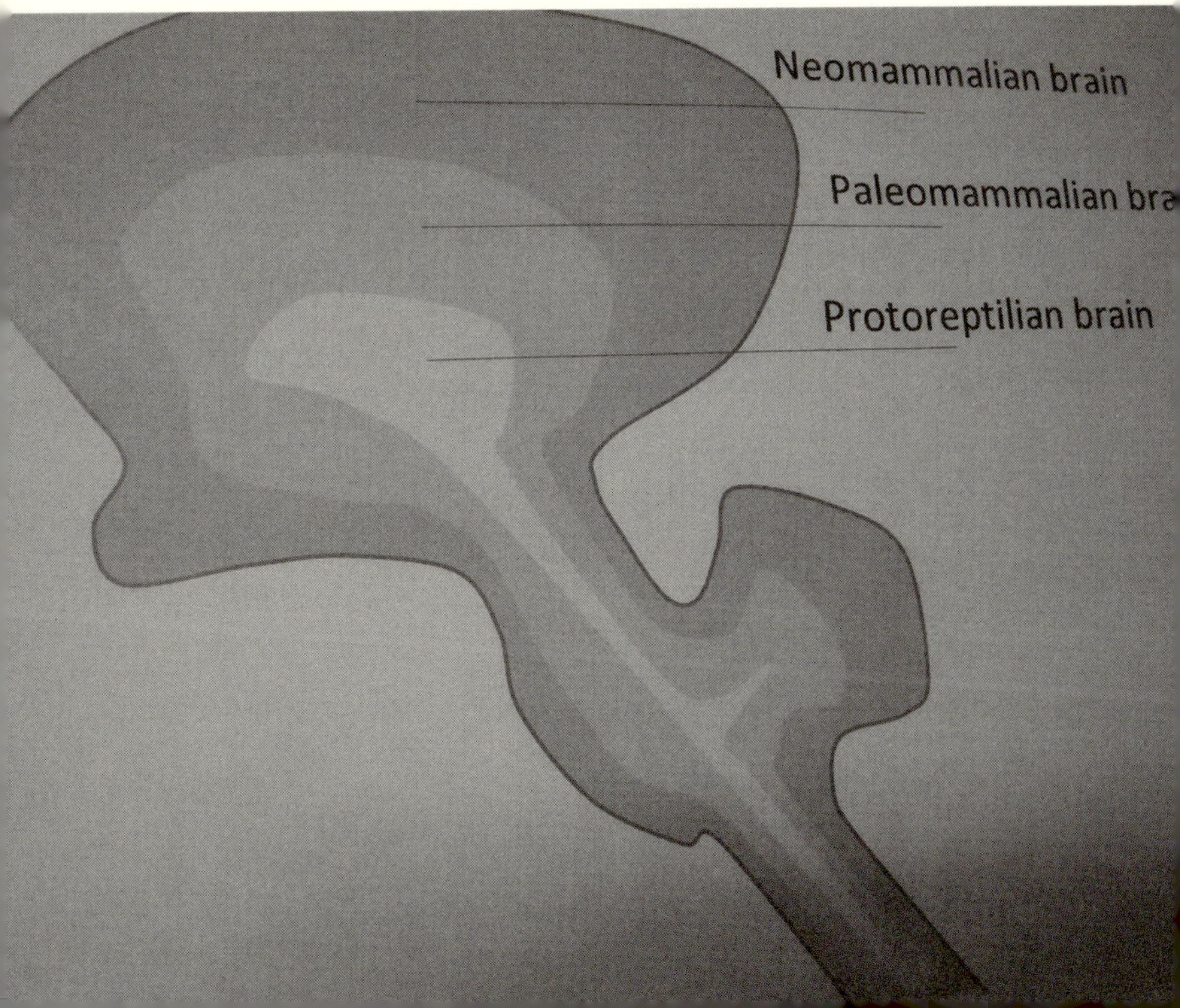

どうでしょうか。疑問が解けた人も、まだの方もいらっしゃるでしょう。ますます「速読はあやしい」と思われる方もまだ、いらっしゃるでしょう。繰り返しになりますが、「速読とは、脳が活性化された状態で読書する際の様子」です。そこでこの章では、脳の話を少し説明します。なるべく難しい用語は使いませんので、リラックスして読んでください。

速読をマスターすると

実は、私は「速読」という言葉に違和感を感じています。どうしてかわかりますか？私にとっては普通の読書なのに、周囲の人が速読と思っているだけです。速読をマスターすると「速読してる」という実感はなくなるからです。

では、速読をマスターするとどうなるか考えてみましょう。

ほとんどすべての人が変化を感じるのは、視覚上の変化です。具体的には動体視力、視野が向上することです。代表例は一五〇キロの剛速球がはっきり見えるようになることや、視線の動きがスムーズになる、周囲の状況が瞬時によくわかるようになるなど。また、近視や乱視、遠視が改善される例もあります。それに伴い運動能力の向上が起こります。

また、当然のことながら読書のスピードが速くなること。このときに計算や書く、考えるスピードも速くなる例が多いようです。その結果、成績が向上します。その他にも、精神的な面ではストレスが軽減されたり、余裕が生まれます。スポーツ、仕事、勉強以外にもいろいろな変化が起きるようです。思考スピードの変化に伴うものもありますが、一見何の関係があるのかわからない変化もあります。

前の章でいろいろな疑問・質問にお答えしましたが、「なんで、それが速読に関係あるの？」と思われることもあったのではないでしょうか。

これらのことを解明するためには、視機能（見る働き）と脳機能（脳の働き）の関連について理解する必要があります。

脳と学習

最近、ちまたでは脳ブームですが、誰でも「頭を良くしたい」という欲求は、いつの時

32159
WORDS

代も消えることはありません。また、日本は世界でも例を見ない超高齢化社会となり、「認知症になりたくない」という不安をかかえる方もたくさんいらっしゃると思います。

きっとあなたも、何らかの意味で「脳」に関心をもっているのではないでしょうか。テレビや書籍などのメディアでは毎日のように「脳」が取り上げられています。それらのメディアでは、脳が変わることによって、劇的な変化が起こることを予感させ、さらに関心を高めています。

本当に、脳の働きを簡単に、そして劇的に変える方法があるのでしょうか？

答えはイエスです。頭が良くなり、老化を防ぐ効果的な方法があります。それが速読トレーニングです。これから、そのメカニズムを一緒に考えていきましょう。

まず、脳とはいったい何なのか考えてみましょう。

脳は神経細胞の集合体です。筋肉はないので物理的な力仕事はできません。脳は体の各器官へ信号を伝えるだけです。この司令塔に誤りがあると大変なことになります。したがって、異物が侵入しないように糖と酸素が供給されます。だから、頭を使った後は甘いものが欲しくなるんですね。また、脳に酸素がいきわたらなくなるとあくびをして酸素を補給します。

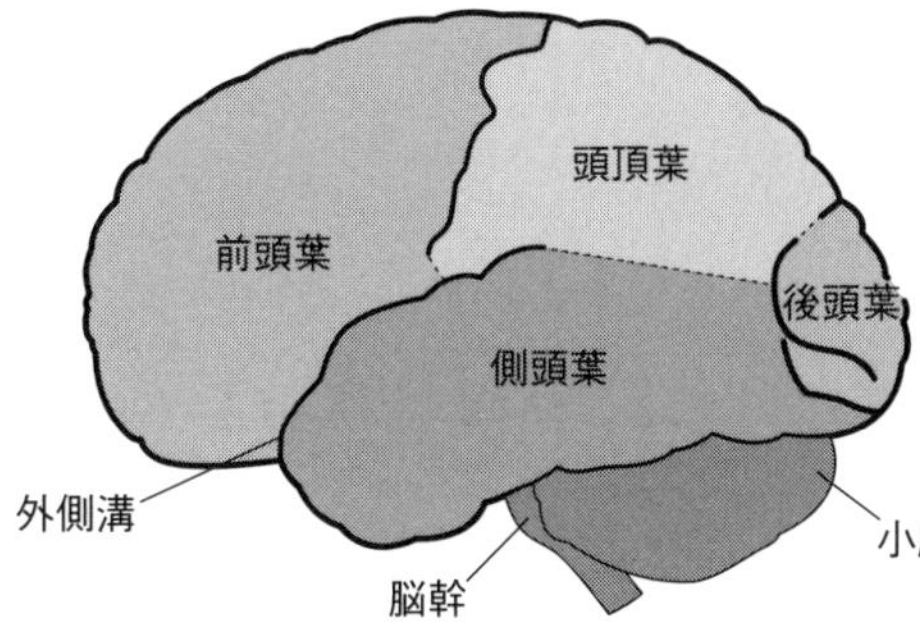

そして、脳は体中の各器官と神経でつながっています。その神経があらゆる指令を伝えています。どのような指令を伝達しているのかというと、生命の維持、たとえば心臓の鼓動や呼吸、胃の蠕動《ぜんどう》運動、ホルモンの調節など、また、体を動かすこと、歩くことや姿勢を保つことなど、そして、思考活動、話す、考える、想像するなどをコントロールしています。

生きる、感じる、覚える、考えるなど、意識するか、しないかに関係なく、常にさまざまな指令を発しています。だから、寝ていても心臓は規則正しく動き続けています。

その神経細胞は、脳と体の各器官とを電線のようにつなげていて、必要な時に指令を伝達します。

たとえば「りんご」という言葉を見ると、網膜でとらえた文字は視神経に伝わり、視《し》床《しょう》を経て視覚野に到達します。すると「りんご」に関連するイメージを検索し、「りんご」を言葉として、そして、記憶していた「りんご」にまつわる思い出や知識を想起（思い出す）しますよね。

きっと、あなたも「りんご」という言葉に反応して、あの甘酸っぱい味とリンゴの独特の形や匂いなどを思しているとことでしょう。

ましてや「りんご」の研究家であれば、毎日「りんご」について研究しているので、「りんご」に関する膨大な知見に反応します。原産地やより多くの品種、栽培法、特性などよりたくさんのイメージが想起されるでしょう。

また、頻繁に「りんご」という言葉を見聞きしているので、瞬時に「りんご」という単語に反応します。

これが学習です。

人間の記憶は学習頻度により定着します。「門前の小僧」のように、覚える意識がなくても毎日お経を聞いているといつの間にか覚えてしまうものです。テレビのコマーシャルでも同じです。

受験勉強で英単語帳を勉強したとき、「最初のほうの頁の単語は覚えるけれど後半の頁は覚えられない」ということを、多くの方が経験していると思います。その理由は、前のほうの頁は後ろのほうの頁より見ることが多いからです。つまり、反復回数の違いからそのようなことが起こってくるのです。

多くの人は「一度読んだり聞いたりしたことを正確に覚えたい」と考えていますが、それは脳のメカニズムを考えると幻想です。

なぜなら、脳の「忘れる」という機能は、精神を正常に保つうえで安全弁となっているからです。

人は誰しも長年生きていると、絶対に思い出したくない過去を持ちます。あなたにも私にもあるはずです。でも、普段はそれを忘れているから心の安定を保っているのです。もし、忘れたい過去を一時も忘れることができなければ、どんな拷問より大きなストレスとなり生きる気力を失ってしまいます。

ですから、こうした脳の学習メカニズムをうまく使い、利用することでより効率的な記憶をすればよいのです。

あなたも超記憶力！　忘却曲線の利用

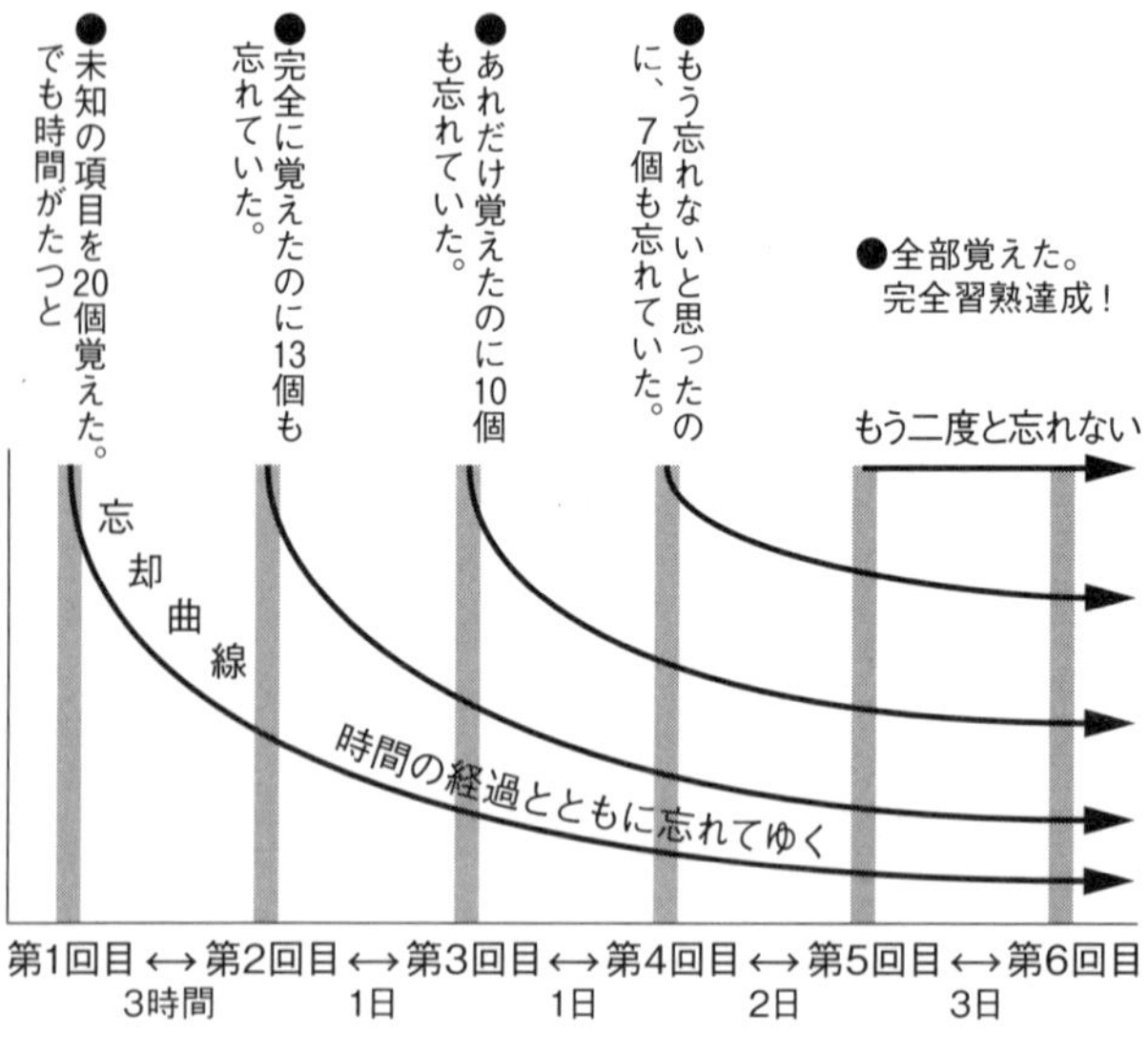

●未知の項目を20個覚えた。でも時間がたつと
●完全に覚えたのに13個も忘れていた。
●あれだけ覚えたのに10個も忘れていた。
●もう忘れないと思ったのに、7個も忘れていた。
●全部覚えた。完全習熟達成！
もう二度と忘れない
忘却曲線
時間の経過とともに忘れてゆく
第1回目 ↔ 第2回目 ↔ 第3回目 ↔ 第4回目 ↔ 第5回目 ↔ 第6回目
3時間
1日
1日
2日
3日

つまり、二十回の反復学習で記憶が定着するとしたら、十九回忘れることを効率的に行えば楽に覚えられるということです。

勉強中に悩んだり考え込んだりするより、回数をこなすことを優先したほうが効率的ですよね。また学生の方で部活などで時間がないときには、授業中にしっかりノートをとり、休み時間に教科書とノートを読むと授業の内容を忘れにくくなります。できれば、頻繁にノートと教科書を読み返し、リマインドする癖をつけるといいですね。

学習頻度が多くなると、認識スピードも速くなります。これはある種の条件反射が身に付くからです。たとえば、先ほども出てきた「りんご」という言葉を見聞きするたびに、脳は「りんご」に関する情報を検索します。検索を繰り返すにつれて、ほかの言葉を検索するのとは別のバイパスができてき、その言葉にすぐに反応することができるようになります。

この脳の学習メカニズムは知的分野だけでなく、運動分野に関しても同様です。たとえば水泳の息継ぎを覚えるときは、まず顔を水につけることから始め、少しずつ顔をつける時間を長くして素早く息継ぎの時間を短くします。このとき、何回も何回も練習して、体で覚えていきます。これも同じ動作を繰り返すことで息継ぎを覚えます。

34315
WORDS

このような反復練習で、いろいろなことを身に付けていきます。

右脳と左脳

昨今「右脳」が、さまざまな取り上げられ方をしています。右脳と左脳とは、どんなもので、どのようにトレーニングするのか考えてみましょう。

脳は中央に深い溝が走り右と左、二つのかたまりに分かれています。自分の右側を右脳、左側を左脳と言います（そんなん当たり前ですよね！）。

右脳と左脳については一九六〇年代に盛んに研究され、さまざまなことがわかりました。右脳と左脳は太い神経で結ばれていますが、当時、ある発作を防ぐためにその神経を切断し、右脳と左脳を分離する手術が行われていました。そして、そのような患者を対象に、右脳と左脳の働きについて研究されました。それによって、脳がいろいろな活動をしているなかで、脳のどの部分がどのような役割を果たしているのかがわかってきました。

左脳は別名、「言語脳」と言われることもあり、言葉や文章でコミュニケーションをと

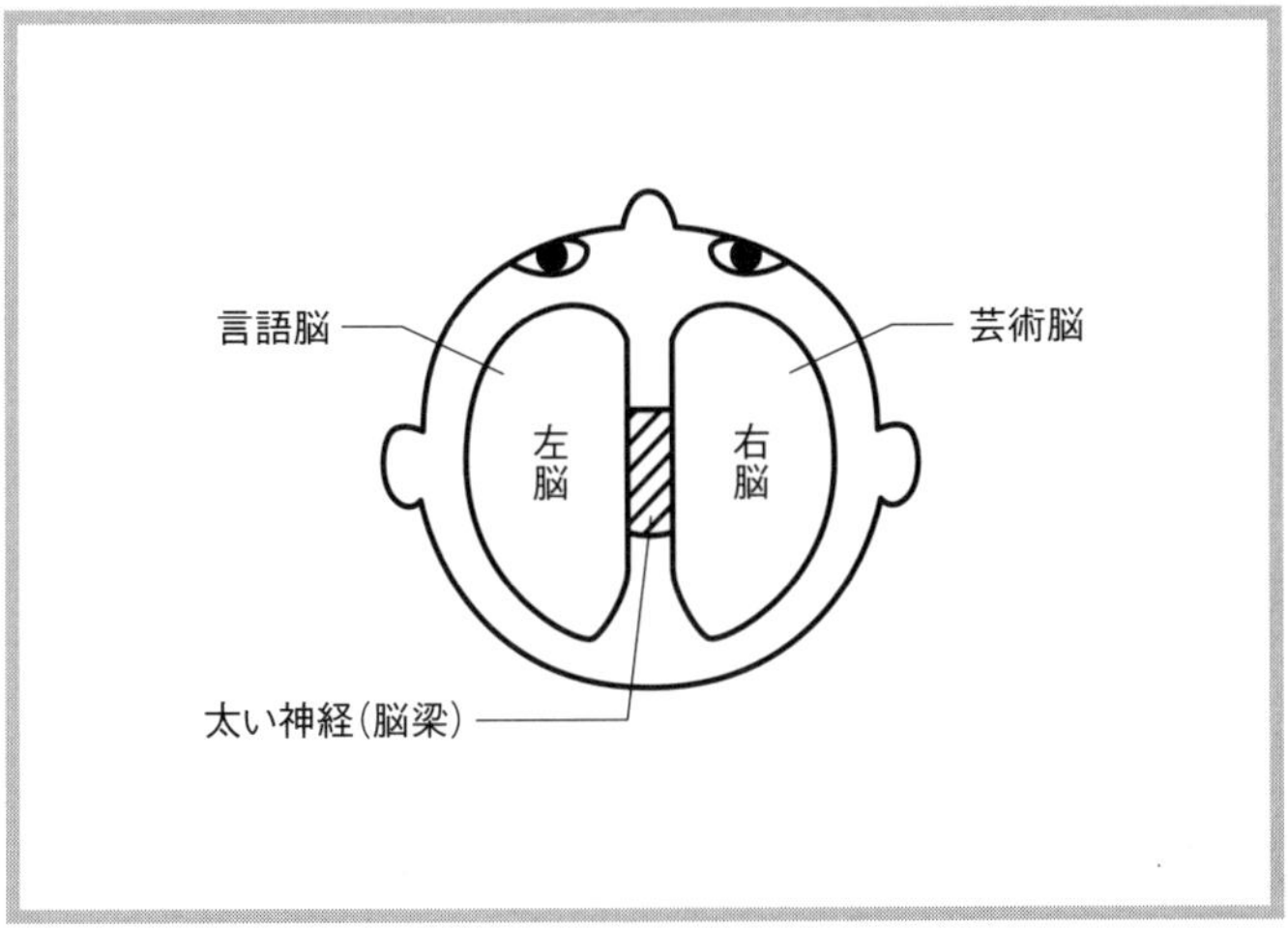

るときに働きます。それ以外に「A＝B、B＝C、したがってA＝C」などというように、順番に論理的に考えるときに使われます。

たとえば、読書のときには言語野《げんごや》のある左脳が働きます。また、右半身と神経で結ばれているので、左脳にダメージを受けると右半身に障害が出たり話せなくなることがあります。

右脳は「芸術脳」とも呼ばれ、芸術的な感受性、バランスのとれた風景を見て美しいと感じたり、静かな旋律の音楽を聴いて癒されると感じたりするときに働きます。

また、勘が働くときなどは、無意識のうちに多くの情報をキャッチして、並列処理するときにも使われます。並列処理では同時にいくつものことを行います。スポーツでチームプレーをするときは味方のメンバーの位置、相手チームのメンバーの動き、ボールの位置やゴールまでの距離など、いくつものことに気を配りながらプレーします。そんなときには右脳が活躍しています。

また、想像力も司《つかさど》っていて、新しいアイデアがひらめくとき、まだ、世に出ていないことをイメージするときにも右脳が働きます。そして、左半身のコントロールなどを司っています。

右脳と左脳とは太い神経でつながっていますが、男性より女性のほうが太いことがわかっています。言葉を話し出す時期は女の子のほうが早かったり、口も達者で同年代の男の子に負けることはめったにありませんよね。

また、色彩に対する感受性も女性のほうが優れていて、微妙なグラデーションの変化を認識します。男性の脳は、色彩に対する脳の検知機能が大ざっぱだからです。だから、お化粧や髪の色の変化に気付かないのは仕方のないことですので、大目に見てあげましょうね!!

その代わり、論理的な思考や地図を読むときは男性に分があります。だから、協力してお互いに補い合うことが大事なんですね。

速読時の脳の活動

通常、読書時には左脳が活動します。ところが、速読中は言語野のある左脳に加え、右脳の視覚野付近も活動します。これは、速読のときには、文字を言語として認識するだけでなく、イメージにまで変換しているからです。

私の場合、登場人物が動く姿や声、背景だけでなく感情まで鮮明にイメージしてます。時々、読書をした後、実体験か映画を見たのかわからなくなることがあります。たとえばハリーポッターを読んだのに映画を見たと勘違いしていて、映画を見たときにイメージしていた映像と違うので読書したことに気付くというぐあいです。

一般的に、日本人は受験体制をくぐり抜けていますので、論理的思考、記憶力、計算力などの訓練を優先的に行ってきた結果、左脳を使うのが得意です。逆に、右脳の感性を働かせるのが苦手な方が多いということになります。

頭に左脳と右脳と二つのエンジンを積んでいるとしたら、両方使うことによって本来の

35864 WORDS

力が出てくるのは当たり前ではないでしょうか？

速読は、両方のエンジンを使うコツをマスターすることをも含んでいます。

言葉では簡単ですが、それを身に付け、使いこなすには訓練が必要です。なぜなら、右脳と左脳は、それぞれ異なるキャラ（性質）を持っていて、両方をバランスよく使うには頭を使うフォームをマスターする必要があるからです。

左脳はお節介で、出しゃばり屋でどこにでも顔を出したがります。バーゲンのワゴンに向かって人ごみをかき分けていくようなパワフルさを持っています。

いっぽう右脳はとてもシャイで、いつも人の前に出るのが苦手です。いつも影に隠れていたい、というようなキャラです。

だから右脳は、左脳が働いていると遠慮して引っ込んでしまいます。なので、左脳が働いていないときにしか、顔を見せません。

この二人を同じステージに立たせて働かすには、コツがいります。そのコツのつかみ方を訓練します。訓練というとすごく難しく聞こえるかもしれませんが、力の抜き方をマスターするだけなんですよ。

速読トレーニングの場合、「読もう」という意識を強く持ちすぎると左脳しか働きませんので、読む意識のパワーをゼロにして、文字を「眺める」ことに徹します。次第に慣れてくると眺めているだけにもかかわらず、単語が目に飛び込んできて、わかるようになります。

その瞬間が、右脳と左脳が働いているときです。速読トレーニングにより良いフォームができているときです。

スポーツでもいい結果を出すために、フォームを整えますよね。たとえば水泳の場合、いくら体力があっても、無駄な力が入っていてはフォームが乱れ、水に乗ることはできません。逆に華奢《きゃしゃ》な体でも、無駄な力が入らず、きれいなフォームで水に乗ればスイスイ泳げますね。

スポーツの分野では、科学的トレーニングは当たり前になっていますが、それに比べると脳のトレーニングは遅れをとっています。「頭がいい」という基準がペーパーテストによる成績しかなかったからです。

しかし、高度情報化社会となった現代、情報がとても多くなったうえ、めまぐるしく変わるので、記憶に頼ること自体、意味を失いつつあります。それに代わり、情報を使いこなす能力と、その場にあった情報に変える適応力が求められています。

36800 WORDS

つまり、効率的な情報処理が求められています。そのためにも、頭のフォームを整える速読のトレーニングは有効なのです。

エクササイズ6
両手を動かす脳活性

まず右手で、体の前の空間に○（丸い円）を描いてみてください。オーケストラの指揮者が指揮をしているような感じで。

では、今度は右手で○を描きながら、左手で△（三角）を描いてください。きれいな○と△にならなくてもいいです。△はおにぎりのように角がなくても構いません。ポイントは、同時に両手で違う動作をして動かし続けることです。

なかなか上手くできませんよね。

でも、いいんです。脳活性というのは上手にできるのが目的ではなく、脳を活性化させるのが目的ですから、そうやってまず普段はしない両手の動きをすることで脳はとても活性化されるのです。

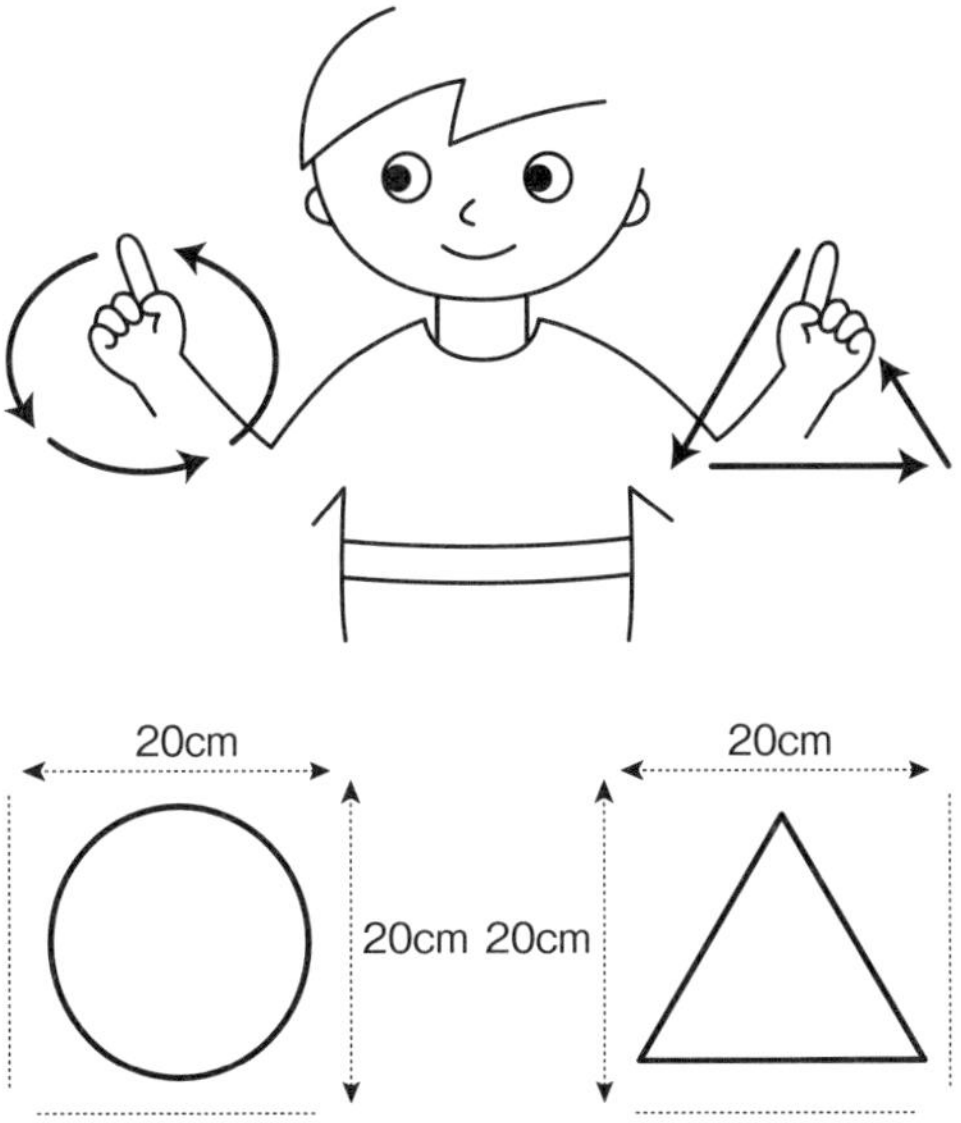

左右どちらでもよい。
慣れてきたら左右入れ替える。

ワンポイントアドバイス

難しい場合は二〇～三〇センチ四方の紙を用意し、一方には〇、もう一方には△を書いてください。それを自分の胸より少し下あたりの高さに横に並べて、壁に張ってください。そしてその紙の前に立ち両手でそれぞれの形をなぞるように手を動かしてみてください。

脳から見た読書

人間にしかできない非常に高度な脳の活動である、読書について考えてみましょう。読書は視覚でとらえた文字を脳で音やイメージに変換します。言い換えると読書は大きく二つの段階があります。一つは文字を見ること、二つ目は見た文章のイメージを想起することです。

読書をもう少し詳しく分析すると、

① 文字という形を、視覚でとらえる

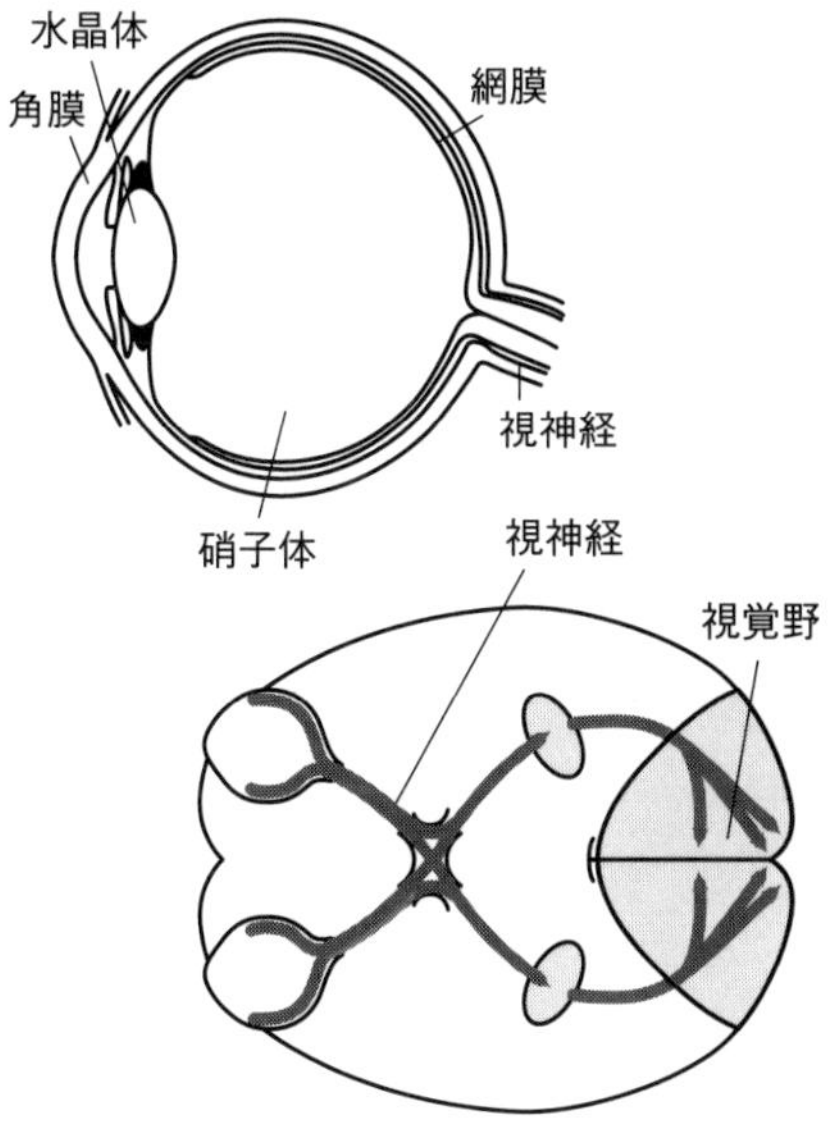

37429
WORDS

② 眼の網膜でとらえた形の情報を、脳の視覚野へ伝える
③ 視覚野に伝わった形から、過去に学習した文字の形を照合する
④ 照合した文字の音や意味を想起する
⑤ 文字の塊を記憶し、文章としてイメージを想起する
⑥ 次の文字を見て、同様の作業を繰り返す

となります。

かなり複雑ですよね。速読はこれらを総体的にスピードアップする力を身に付けることで可能になります。五十頁で説明したとおりです。

つまり、見た情報を脳に伝えることと、脳に到達した情報を処理する速さを身に付けると、読むのが従来より飛躍的に速くなります。

そのためには眼の機能を一〇〇%活用することと、それを認識するまでの脳機能を鍛えること、脳内での情報処理のスピードを付けることです。

誰でも経験があると思いますが、速く読み取れる文字とそうでない文字があります。

たとえば、ドライブしているときに交通標識や地名の看板があると、読むというより見るだけで認識します。一方、「柴島」など、初めての土地に行くと地元の人にしか読めな

いような地名もあり認識できません（ちなみに「くにじま」と読み、大阪にあります）。

この差は、「頻度」にあります。自分の名前や住所は書いたり、読んだりする回数が多いので、一瞬で認識できます。

なぜ、一瞬でわかるかというと、脳の学習能力により情報処理の方法が変わるからです。単語を読むときは、普通、脳内に記憶しているデータベースから該当のイメージを探し出しますが、何回も読んでいると、ダイレクトにその単語を見つけるためのバイパスが脳内にできるからです。ですから、速読トレーニングでは同じ文章を繰り返し読んで、脳内にトレーニング文章を想起するバイパスを作るのです。

そして、このバイパスができると、脳内で今までは初めから順番に検索していたのがバイパスを使って一瞬のうちにイメージを想起できるようになり、情報処理の方式が変わります。

38212
WORDS

トレーニング原理

こう説明すると、「同じ文章を何度も読むなら速くなって当然で、速読はインチキじゃないか」と思う人もいるでしょう。でも実際データを取ってみると、そうはなりません。たしかに最初の数回は同じ文章を読む時間は短縮しますが、やがて変化が見られなくなります。

伸び悩みの原因は従来の読み方を変えられないからです。言わば「音読の壁」が立ちはだかっています。「脳のブレーキ」がかかっている、とも言えます。

それを打ち破るには、何よりも「速さに慣れること」なんです。

人間には順応力という、環境に適応する能力がありますから、高速で情報を送り込むと、脳は次第に慣れてきて、情報を処理するスピードが上がるんです。

このように、脳の自然のメカニズムにあったトレーニングをしますので、例外なく誰でも速くなります。

脳力開発の基本原理は、「理解（＝頭の回転）速度を上げるには、見る（＝情報入力）速度に慣れさせる」ということです。

読書速度を例にすると、小学校の高学年くらいになるとある程度文章をすらすら読めるようになります。ところが、それ以上早く読む必要もありませんから、そのまま訓練しないので、結果、大人になっても同じ速さで推移します。

そこで、訓練として、まず単に文字を速く見る練習をします。「理解しないで見るだけ」です。すると、本人の意識とは無関係に理解速度が見る速度に慣れて速くなります。

試しに、読書スピードを計ると速くなります。

さらに高速で繰り返すことにより、思考速度のスピードアップを引き起こします。

この単純な「慣れ」の特性は、野球漫画『巨人の星』で、主人公のピッチャーが魔球養成ギブスを使い身体能力に負荷をかけ、筋力をアップするのと原理は同じです。脳に負荷をかけたトレーニングを行うことで、脳力をアップしスピードを手に入れます。実際のイメージとしては、知らず知らずのうちに脳にかかっている「脳のブレーキ」を解き放ってあげることです。

39021
WORDS

自分で脳にブレーキをかけるな

生徒さんで何人か、こんな方がいました。

「小さいころは本を（絵本をめくるように）速く読めていたのに、お母さんに〝ちゃんと読みなさい!!〟と言われてからゆっくりしか読めなくなったんです」と、言われる方が数人。

そうです、ご本人はちゃんと本の内容を理解してイメージもできているのでどんどん頁をめくり、読み進めていっているのですが、お母さんからはただ単に本をめくっているだけにしか見えないんです。しかもお母さんの「ちゃんと読む」は一文字ずつ読む読み方ですから全く理解はしてもらえません。

小さい子どもはお母さんの「ちゃんと読みなさい!!」という言葉に忠実に「一文字ずつ読む」を実行してしまい、それが癖になり大人になっても続いてしまったのです。本来はもっと速く読めたのかもしれないのに、お母さんの一言で自分の脳にブレーキをかけるよ

39391
WORDS

うになってしまったのです。

読書や読むというのは、読んでいる人それぞれの感じ方ですから、本をめくるスピードで読めているかどうかの判断を他人ができるものではないのです。

でも、一般的には一文字ずつ読む、というのが読書だと思われていますので、その一文字ずつ読むスピードとは全く違うスピードでめくって読んでいると、傍らで見ている人には読んでいるようには見えないんですね。

頁をめくるのが速いか？　ゆっくりか？　が読書ではなく、本を読んで自分なりにイメージをしたり感動したり、内容を理解しているか？　というのが読書ではないでしょうか。

しかし、現実はそう単純ではありません。私たちが住んでいる世界は分速六〇〇文字、秒速一〇文字の世界です。これはテレビやラジオから流れてくる音、また会話の速さです。

ある意味、重力と同じように、この世界で生活するときには「分速六〇〇文字の引力」がかかっています。これ以上に速く読もうと思っても、無意識のうちに誰もが自分で脳のブレーキをかけている状態なのです。

またその引力を脱した人たち、自分で脳のブレーキを解き放つことのできる人たちとも、普通は出会う機会が少ないので、その感覚を共有できる人もいません。だから、インストラクターというコーチが必要となります。

脳開発習得曲線

速読のトレーニングで読書速度がどのように推移するかというと、階段状に推移します。トレーニングを始めると、すぐにぐんぐんスピードが付きます。しかし、あるスピードになると伸び悩みが起こります。

トレーニングの基本的な原理は、読書のスピードを上げるための条件（文字を見る、認識する、イメージするスピードを上げる）をすべて整えながら行います。それでも必ず、条件を整えても伸びないシーンが生まれます。その現象を分析すると、スピードアップの障害となっている、その人の「読み方の癖」を特定できます。

その癖を卒業するための力と技術を、それぞれのタイミングでマスターすることがポイントです。

一般的な読書は声を出さないだけで声帯を使った読み方をしています。トレーニングの

40254
WORDS

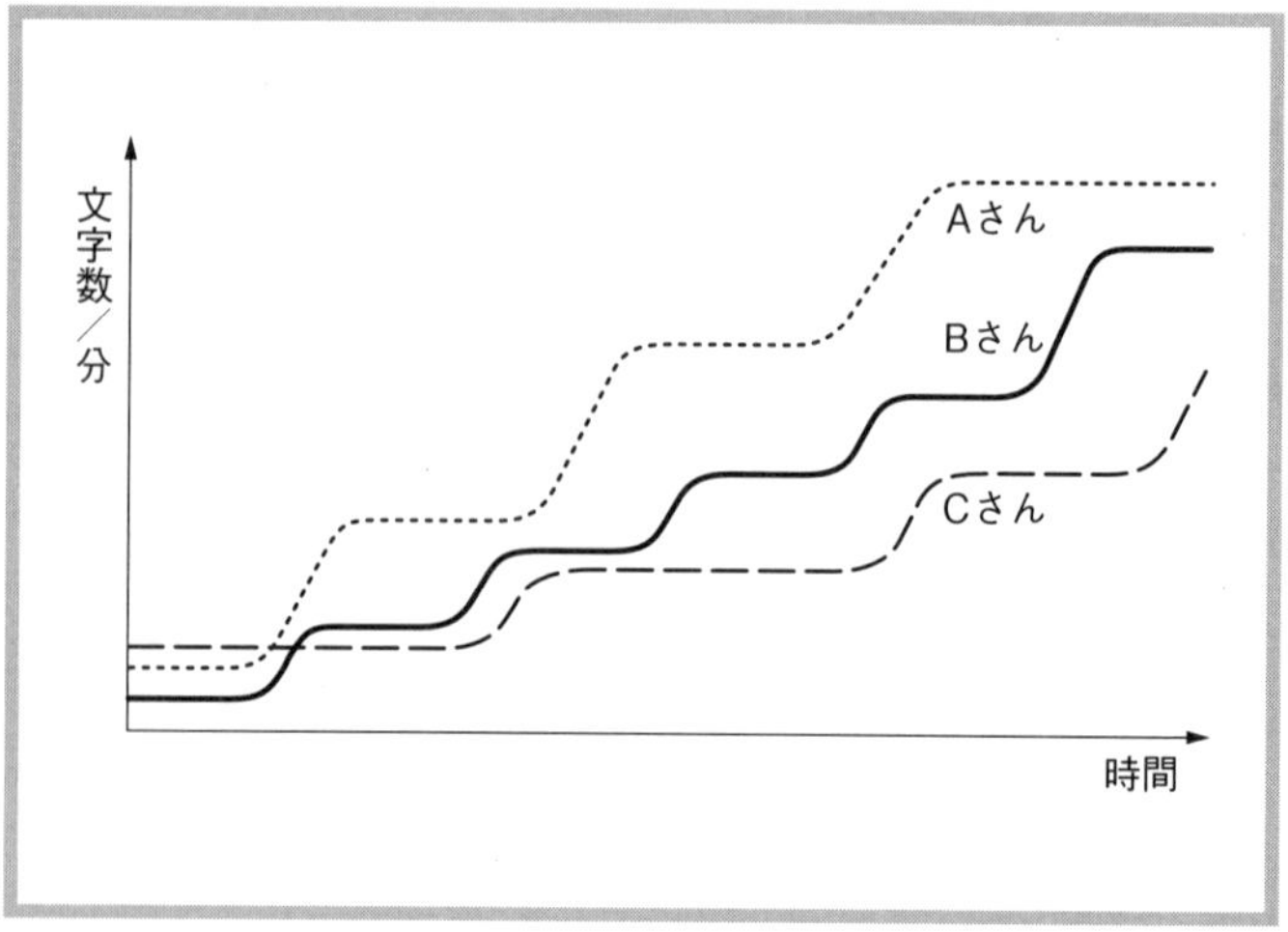

初歩では、音読する読み方以外の読み方を習得することから始めます。いわゆる「黙読」です。

試しに、「あ〜」と声を出しながら文章を読んでみてください。読みにくさや違和感を感じる方は普段から黙読が多いと考えられます。

次に、新たな読み方として声帯を使わない見る読書「視読」を身に付けます。すると、黙読の速さからスピードは飛躍的に上がります。

また、視読にもレベルがあり、一文字ずつ読む方法から、単語、一行、二行、三行と瞬時に認識する文章量が増え、スピードも増していきます。

しかし、読書速度は一気に上がるのではなく、階段状に段階を追ってスピードアップします。

読書速度の伸び悩みは、次の段階へ進む準備期間となるので、あせらずに必要な準備をすることが大事です。ジャンプする前には、一度かがんで体を沈み込ませるのと同じです。そして次の段階に進む準備が整うと自然に結果が伴ってきます。

図のように、皆さんそれぞれ初めの読書速度が違うように、読書速度の伸び方もさまざまです。毎回階段を上るように伸びていく方、最初から大きく伸びていく方、ゆっくりゆっくりと、でも、途中で大きく伸びていく方など……。ポイントは、必要な時に必要なアドバイスを受けて、やるべきことをきちんとやることです。

エクササイズ7 視機能強化（目と脳のネットワーク強化）

視覚情報入力と伝達そして判断までの強化には、眼のエクササイズから始めます。これは、視覚情報を素早く正確にとらえるための筋力強化です。

40873 WORDS

私は読売テレビの番組『大阪ほんわかテレビ』で、文字の書かれたボールをバッティングマシンで発射して、それを目で見て、何が書かれているかその文字を当てる、という実験をしました。バットは振りません（笑）。

そのときに、一秒間に三十枚の映像を写す普通のビデオカメラでは高速で飛んでくるボールの字を写し出せないので、超高速撮影に使うビデオカメラが使われました。

人間の視機能も鍛えれば、超高速撮影カメラ並みになるのです。これは私が特別なわけではなく、誰でもできることです。

速読トレーニングでは文字を速く認識するトレーニングと同時に、多くの情報を認識するトレーニングを行います。

図には、一から二十五までの数字が書かれています。一から順番に、数字を探して、目で追っていってみてください。何秒くらいかかるでしょうか。

いかがでしょうか。多くの人は、だいたい二十秒くらいと思います。早い方で十五秒の方もいらっしゃるかもしれません。これが、速読のトレーニングをすると、だいたい五秒前後です。これは私だけではありません。生徒さんも、あなたも、トレーニングすれば誰でもそうなります。

23	17	12	3	21
5	14	4	19	24
18	13	9	1	7
2	8	25	16	22
10	20	6	11	15

※10秒で数えられた個数でも構いません。

	トレーニング前	トレーニング後
月　日	個・秒	個・秒
月　日	個・秒	個・秒
月　日	個・秒	個・秒

41349
WORDS

このエクササイズが、視機能強化の入り口です。入口と言ったのは、その先の脳の認識力強化につながってくるからです。

目で見た情報は、形や色、傾きなどにいったん分類され、脳に伝えられます。そのバラバラの情報を再び再統合して認識します。

したがって、正確な情報をとらえる目と、その情報をしっかり認識する脳との連携がよくないと、見ていても認識できません。そして、視覚情報を認識するためには、経験や知識が必要です。見たものが何だかわからなければ「???」という状態になり認識できません。「見ていても認識できないこと」は、意外に多いのです。

一二六頁で述べたように「文章を認識する」ということは、実際に体験したことを思い出すより、複雑で高度な処理を行う分だけ、脳への負荷も大きくなります。

国語で長文読解するときには、文頭から文末までの文章を覚えてないと内容が理解できません。速読で上級者になると、国語の長文をはるかにしのぐ文章量を一瞬で認識します。その必要条件に、一時的な記憶量があげられます。

複雑な思想が書かれたような本を読むときには、複雑でたくさんの文章を瞬時に覚え、イメージに変換しています。

それだけ、難しいことを素早くする「脳の認識力」という能力は、人間にとってのすばらしい宝物です。そしてこれはスポーツにも応用できます。

脳から見た一五〇キロバッティングの身体コントロール

脳は意識、無意識の両方で、身体をコントロールしています。意図的に注意の方向性を決めたり、行動したりしています。

たとえば街を歩いている時に素敵なお店が目に入ると、そのお店に注意を向け、お店のウィンドウ越しに中をうかがいます。そして、お気に入りの服があったときにはお店に入るために進行方向を変え、中に入ります。これらは意図的に行う行動です。

無意識の例は、脳が生命維持のために心臓を動かし、酸素を含んだ血液を全身に巡らせたり、食べた物を消化するために胃や腸を働かせることなどがあげられます。

実は意識して運動能力をコントロールするときにも、無意識の行動が知らず知らずのうちにリンクしています。

42221
WORDS

たとえば先ほどの素敵なお店を見つけたときにも、歩くという動作は一歩一歩の動きを意識するわけではありません。また、何に注意を向けても、心臓や肺、腸などの動きが止まることもありません。そんなことを含めると話がややこしくなるので、無意識の行動は横に置いておいて、話を進めましょう。

運動するときの反射を考えてみます。

自動車の教習所では危険を見つけてから自動車が止まるまでの制動距離を学ぶときに、「認知、判断、動作、空走距離」などを勉強します。これは運動の反射の基本です。

認知は危険を見つけることで、目から入ってきた危険情報は脳まで届きます。そして、危険を避けるための方法を判断し、ハンドルを握る手やブレーキを踏む足などに指令を出し動作につなげます。

しかし、ブレーキを踏んでも自動車はすぐに止まるわけではありません。スピードに応じスリップする距離があるので危険回避までの時間や距離がプラスされます。

バッティングの場合、ボールがバッティングマシンから発射されてから、コースやスピードなどの情報からバットをスイングする位置やタイミングを判断し、手足にその指令を出します。それから、行動します。

時速一五〇キロのボールだと秒速四一・六七メートル、ピッチャーマウンドからバッティングボックスまでの距離一八・四四メートルまでかかる時間は〇・四四秒しかありません。これでは、振り遅れるのが普通ですよね。

では、なぜ速読のトレーニングをすることで打てるようになるのでしょうか。第1章で簡単に説明しましたが、それは、訓練により目で見た情報を判断するスピードに脳が慣れ、認知と判断の時間が速くなることにより、体への指令を出す時間が短縮する分だけ、余裕が生まれるからと考えられます。

私以外でも野球経験のないずぶの素人がポンポンとバッティングに成功しています。しかも、全くバットを持ったことがない華奢《きゃしゃ》な女性でもバッティングに成功しているのです。

視野を変える

視野というと、視覚的な視野をさす場合と、あの人は「視野が広い」という多角的に物事をとらえることができる思考状態を指す場合の二通りがありますよね。目で見る視野が変わると、観点が変わり、思考や考え方も変わるケースが多いです。

大人にくらべ、子供の視野は狭い傾向があります。物理的に考えても、大人と比べると身長が低いので視線も低くなります。特に、人込みでは地面と足しか見えません。

そんな子供たちに視野を広げろと言っても感覚的に受け入れられないのは当然ですよね。視野の感覚が大人とは全然違いますから。そう考えると大人になると視線が高くなる分、視野が広がるのは当然です。

しかし、大人でも多くの人が視野を活かしていない場合があります。それは目の使い方に癖がある場合です。肉食動物のように常に一点凝視が習慣になっている場合などです。文章を読むときも、読む対象の文字以外は見えていても邪魔なので、カットして焦点を絞る習慣がついています。

眼にとって、焦点を絞った状態を長く続けると、ストレスになります。パソコンで細かい文字を長時間見ていたり、針仕事をしているときに目が疲れる原因は、視線を集中するからです。

速読のトレーニングが進んでくると、文字を点でとらえるのではなく、線や面でとらえる練習します。一文字ずつ読むより、一行、二行とまとめて読むことが効率的だからです。

43868
WORDS

また、速読トレーニングに伴い、視野を一〇〇%活かして文字を見る習慣を身に付けます。そのためには、意識を変えることとからスタートします。

文字を読むときにも、ターゲットとなる文字の「周囲」をも、意識し続けるのです。すると、次第に一文字ずつ読まなくても単語で読み取るようになっていきます。

本を読むときの視野が広がっていくと、普段の生活でも視野が広がり、今まで気付かなかったことに気付くようになります。季節の移ろいを景色から感じ取ったり、周囲の人のさりげない気配りなどが見えるようになったりします。

このようにして視野が広がっていくと、物

事の考え方もいろいろな角度からとらえることができるようになります。

読書時にも意識が広がり、主人公だけでなく、脇役や背景まで鮮明にイメージできます。まるで、自分が物語の主人公になったように、映画を見ているときよりもリアルな感情やイメージが体感できます。

それと同様に周囲の状況が目に入ると、それぞれの人が自分をどのように見ているか感じ取れるようになります。

すると、今までより、多角的なものの見方ができるようになります。

高次認知機能は、さらに記憶や創造、認識、理解、人格にも関わっています。

このように、速読は非常に奥が深く、高度な知的活動です。

まず、文字と記号から音や意味を想起し、単語を把握します。そして複数の単語のかたまりの文章をイメージして理解します。この理解には、過去の体験やテレビで見たこと、誰かから聞いたこと、その他の知見と文章をリンクさせることによって鮮明にイメージできます。感覚としては、物語の世界に入り込んでいるときです。

このように、単なる記号から新たな世界を体感するには高度に発達した脳があってこそ可能です。つまり、人類だけに与えられた特権です。

また人類は、視覚からの情報に多くを依存しています。
他の動物ほど聴覚や嗅覚、触覚など視覚以外からの情報への依存度が低いからです。

44411
WORDS

第6章 速読マスターへの道

速読トレーニングは、脳を効果的に活性化させてくれます。けれども、それ以外にも「脳を活性化させる」方法はあります。それを最後の章ではご紹介しましょう。

速読とは関係ないじゃないか、なんて言う方は、もういらっしゃいませんよね。関係ないような、一見、遠回りに見えるような方法でも脳が活性化されれば、あなたの眠った脳力が呼び覚まされ「速読している」状態へと導いてくれるのです。

私が特にいつも意識していることは次のようなことです。

・いつも感動する自分でいることで感受性の良い自分でいる
・視野を広く（目で見る視野）を意識する
・いろんなものに興味を持つ
・いつも楽しめる自分でいる

速読以外に日常の中で簡単にできる脳活性法

一日十回感動する

いつも講座の中で私が言う言葉です。「一日十回感動してください」こうお話すると皆さん「え～っ？ 一日十回ですか？ そんなに感動できへん」とおっしゃります。また、「最近、感動しましたか？」って聞くと「う～ん……」と黙ってしまう方も多いです。

「感動」ってなかなか毎日できないですよね！ しかも、最近で感動したのっていつ？ みたいな感じですが、実はそんな大きな感動ではないんです。

私がして欲しいのは毎日の小さな感動です。

「お茶を飲んで美味しい」、「ごはんを食べて美味しい」、友人と話をして「へぇ～そうなんや」や、夕焼けや景色を見ての感動です。こんな感動なら毎日できそうじゃないですか？

感動すると脳は活性化されます。

45020 WORDS

毎日飲んでるお茶やコーヒー、最近は無感動で飲んでいませんか？　毎日飲んでいるんだから、当たり前！　を、「美味しいな」と言いながら飲むと、最初は無理やりに言っているように思うかもしれませんが、段々と脳は味わいを感じだします。

毎日通る通勤途中の景色もちょっと意識して見ると、周りの景色の変化に気付いたりもします。また、いつも同じ道を通るのではなく通る道を変えてみると、新しいお店ができているのを発見したりもできます。

脳にいつも同じ情報を送っていると、脳は怠惰になってきます。皆さんもいつものパターンだと気持ちも怠惰になってくるでしょう？

その同じことの繰り返しでも、感じることにより脳は活性化されますし、またパターンを変えることでさらに活性化されます。

そうやって味わったり、いろいろな発見をしたり、感動をたくさんすることで、一度にたくさんの情報を受け取れるようになってきます。感受性が豊かになることにより、よりたくさんの情報を同時に処理できる下地作りになるのです。

昔の写真を見る

昔の写真を見つけると、想いが当時にタイムスリップします。

家族旅行での思い出の写真や、学生時代の友人と撮った写真などを見ると、その当時の楽しかった思い出やハプニングを思い出します。

旅行の写真であれば立ち寄った観光地や、宿泊した宿を探検したりした情景まで。夕食に食べた美味しかった料理を思い出すと、なぜか味まで脳のなかで再現されます。楽しかった思い出を回想していると、なぜだか元気になったりもしませんか?

大掃除や模様替えなどのときに昔のアルバムを開いてしまったときには、もうほかのことはそっちのけでアルバムに見入って怒られてしまったり、模様替えが止まってしまったり……（笑）。

でも、その後は顔もなんだか明るくなってたりするし！

脳は楽しいとき、嬉しいときにはとても活性化しています。そして、楽しかった過去のことを思い出したときも同じように活性化しているのです。ってことは、毎日楽しかったことを思い出すだけでも脳って活性化されるんですよ！

昔話に花を咲かせる

これも、前項と同じようなことですが、それこそいつでもできちゃいます。

思い出して、おしゃべりしているだけで脳が活性化するなんて、すっごく楽チンって思いませんか？　学生当時の友人とおしゃべりしているときは、当時のあだ名で呼びあったりなんかもして、昔話に花を咲かせている方たちって、傍らから見てても楽しそうじゃないですか？

そうなんです、楽しそう、ではなく「楽しい」なかに皆さんはいるんです。

46291
WORDS

懐かしい歌を聴く

これも昔話に花を咲かせるのと同じように、その曲が流行ったころの思い出のなかにタイムスリップしますよね。

アラフォーなんて言葉で二十年近く前の曲が入ったアルバムが売れたことは、記憶に新しいです。曲ごとに思い出があります。子供のころにお母さんが歌ってくれた曲、学生時代に流行った曲、恋人と聴いた曲、お気に入りの曲……曲ごとに頭の中では思い出がメリーゴーラウンド状態です。

ねっ!?　楽しいでしょう!　活性化されている、て感じいっぱいですよね。

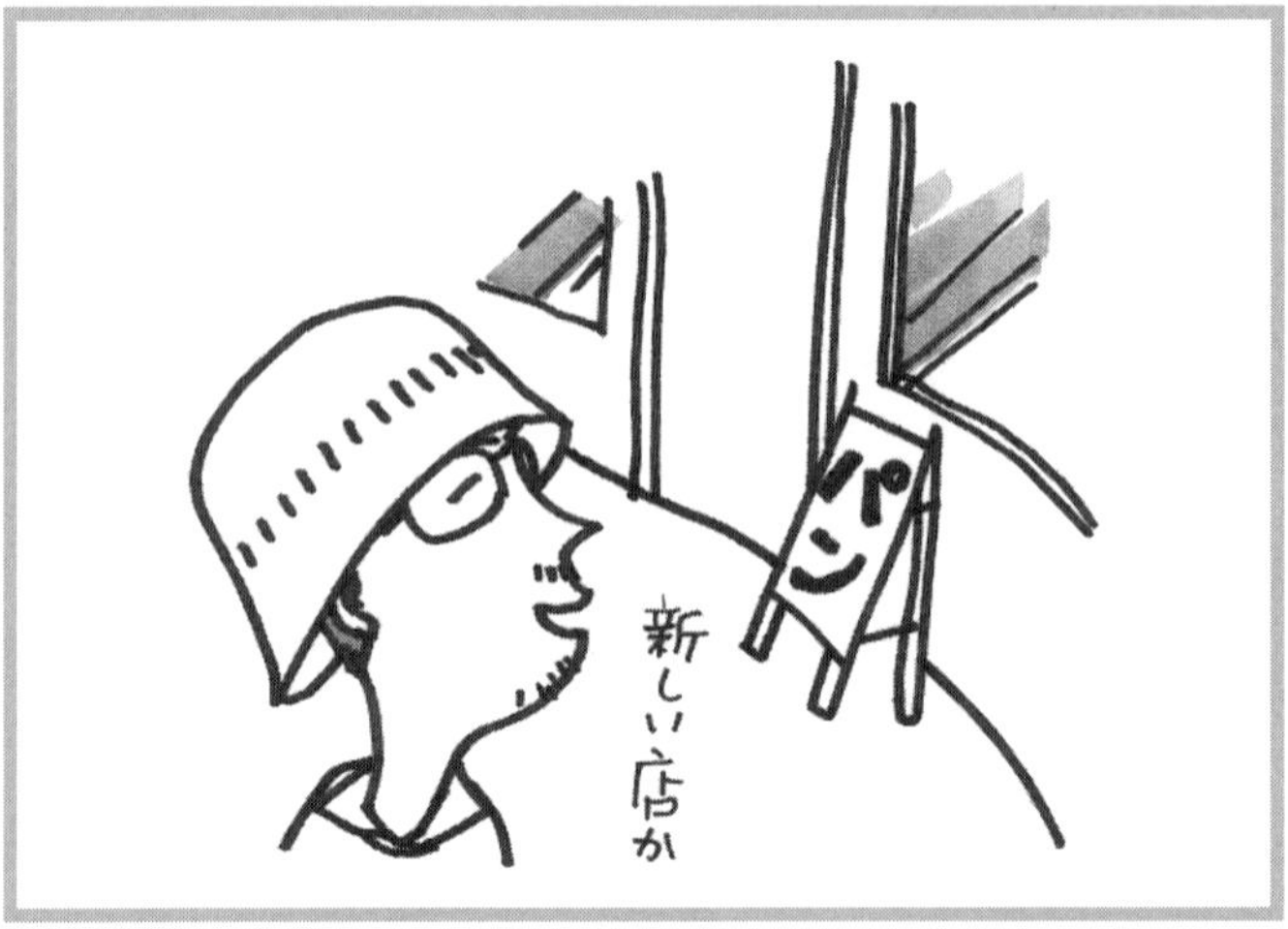

歌う

歌を歌うとリズムをとります。歌詞を思い出しながら、旋律に乗せる。また感情も入ってくる……しかも、前項に書いたような懐かしい曲であれば、さ・ら・に、活性化もパワーアップです。

初めてのお店に入る

いつも通る通りにあるお店、まだ入ったことがないけれど、今度入ってみよう！　ってずっと思ってたお店。どんなお店なのか、想像するだけで脳は活性化します。たとえばレストランなら、どんなサービスを受けながら、どんな料理が出てくるのか……楽しみで脳はワクワクします。

実際にお店に入れば、初めての空間ですから店内の雰囲気などにも脳は活性化されます。まして、好きなタイプのお店だったらなおさらです。新しいお店の発掘、考えただけでも楽しくなりますね。

料理をする

料理をするというのはとても脳を活性化させてくれます。まず、献立を考え、食材があるかどうかのチェック。代用する場合は代用品での調理の仕方まで考えて。買い物に行けば、分量なども考えて購入します。そして、野菜を切ったり、お鍋に入れて火にかけたり……いろんな作業をしますからとっても脳活性になります。

いつものレシピに一手間加えてみたり、材料を変えてみたりもいいですね。いくらでもアレンジできますから、さらに脳は活性化できます。

「面倒くさい」なんて言わずに、ちょっと手の込んだ料理をしてみましょう。ご家族も喜んでくれれば、家族みんなで活性化できますよね!!

46881
WORDS

ラジオを聴く

ラジオを聴いているときは、たいていの人が他にも何かをされています。お仕事だったり、料理だったり、勉強だったり。勉強に集中しているときでも、ラジオから気になるキーワードが流れてくると、耳を傾けたりしませんか？

一つのことに集中しているようでも、脳はキチンと自分に必要な情報かそうでないかの取捨選択を常にしているのです。多くの情報処理を同時にしているとき、いわゆる並行処理をしているときは脳が活性化しています。その活性化された状態で勉強したりするので、より勉強もはかどるのです。カフェやファミレスで勉強する人をよく見かけますが、実はあれも本人たちの脳はとても良い活性化された状態で勉強しているのです。

また、ラジオは見えない分、言葉だけで想像しますので、これもまた脳を活性化させてくれます。目で直接見えてしまうと、「自分の脳を使って考える、イメージする」ということをしなくていいので、やはり、言葉から想像する、考えるということが大事です。

おかげさまで、最近はテレビだけではなく、ラジオにもよく出演させていただきます。そうすると、「速読＝文字を読む」なのに、なぜ見えないラジオ？と思われる方も多いようです。

先に述べたようなこともありますから、脳活性という観点からは、実はラジオはとっても相性がいいのです。懐かしい曲なんかもよくかかっていますしね！

歩く

歩いて足を動かすと血の循環がよくなり、脳は活性化します。机に向かってじっと考え込んでもアイデアがわいてこないときは、机の周りをウロウロと歩き回ったり、散歩に行ったりするとアイデアがわいてきたりするでしょう。ドラマや映画でもそんなシーンを見かけますよね。

大きな声を出す

こういうと、むやみやたらに大声を上げる、と思われるかも知れませんがそうではありません。

たとえばスポーツをするとき。野球やサッカー、バレーボール……ありとあらゆる競技がありますが、大きな声を出しているチームのほうが活気があります。そして、動きもいいです。

47716
WORDS

大きな声は出ているけども試合では負けているチームもあります。小さな声しか出ていないチームが動きもあまり良くないのに勝っている。点数を見ずに、選手たちの動きだけを見ていれば、明らかに声の大きいチームが勝っているように見えます。

でも実はこの場合は、いずれ、この試合ではなくても近い将来に、負けている方のチームがより練習を重ねて、技術を身に付けていけば逆転して勝っていく可能性は大きいです。

なぜなら、声を出せば脳が活性化されます。それもより大きな声を出すと、脳がさらに活性化されます。活性化された状態でスポーツをすると、動作もスムーズになり体の動きも良くなりますので、結果的に同等の技術であれば、良く体が動いたほうに軍配が上がる、というわけです。

しかも、脳が活性化しているということは認知力や判断力も上がっていますので、より良い結果に結びつきやすくなります。

皆さんがよくご存じのラジオ体操。あのラジオ体操のおじさんの掛け声を聴いてフニャフニャした体操をイメージしますか？　しませんよね。なんかキレのいい動きをイメージしますよね。

逆にキレのいい動きをしていても、モゴモゴとハッキリ聞こえないしゃべり方をしている人というのもあまり見かけません。

なかなか体を動かしにくいときは、まず声を出して活性化しましょう。

ちなみに、スポーツチームの速読指導では時々やるのですが、たとえば五〇メートル走をするときに、最後の一〇メートルくらいで大きな声を出しながら走ってもらいます。そうすると、タイムがほんのゼロコンマ数秒ですが縮みます。

なお、大きな声を出すときには喉からではなく、お腹から出すようにしないと喉を痛めますので、その点はご注意ください。その場合は、まずお腹から声を出す練習を先にしたほうがいいですね。

褒められたら喜んで受け入れる

皆さんのなかには習い事をされていた方もたくさんいらっしゃると思います。たとえばお習字。まだまだ習いたてで、「上手くいかない」、「難しい」、「私は本当に上手になれるのだろうか？」なんて思いながら先生につきます。できた課題を先生に見せるのですが、

48593 WORDS

自分では「全然うまくいってない」と思っていても、良いところがあれば先生は褒めてくれますよね。そんなとき、素直に「褒められた！　上手くなってる!!」とかってうれしくなりませんか？　なりますよね！

そんな風に速読でも「インストラクターの先生が良いって言っているんだから、私がそれを否定する理由はないわ～」って思ってください。

でも哀しいかな、本やテキストは褒めてくれないんですよね。しかも、他のことなら素直に先生の言うことを聞き入れるのに、速読は「本を読む」という普段からしている行為ですから、今まで普通に本を読めていた皆さんに「それでいいですよ」と言っても、「でも、読むって一文字ずつでしょ？」となかなか受け入れてもらえません。

新しい感覚を自分のものにしたいのなら、その感覚を受け入れなければいつまでも以前のままです。

以前の感覚にこだわり続けて変わらずにいるのか、それとも、新しい感覚を受け入れて新たな自分に変わるのか？　どちらがいいですか？

どちらを望んでますか？

新しい自分になりたいですよね!!　でしたら、まずは受け入れてみてください。

エクササイズ8
普段やらないことをやる

次頁の図を使って行います。

ルール1
奇数の図形は外枠、偶数の図形は内枠の形を①から順に言う。
ルール2
今度は奇数の図形は内枠、偶数の図形は外枠の形を①から順に言う。

段々どちらかわからなくなってきましたよね。気付いたら逆に言ってたり（笑）。なんだか、脳ミソがうにゅうにゅしませんか？
でも、それでいいのです。上手にできることが目的ではなく、脳を活性化させることが目的です。脳は外からはマッサージできませんが、こうして普段しないことで、しかも上手にできないことをすると活性化されるのです。

49310
WORDS

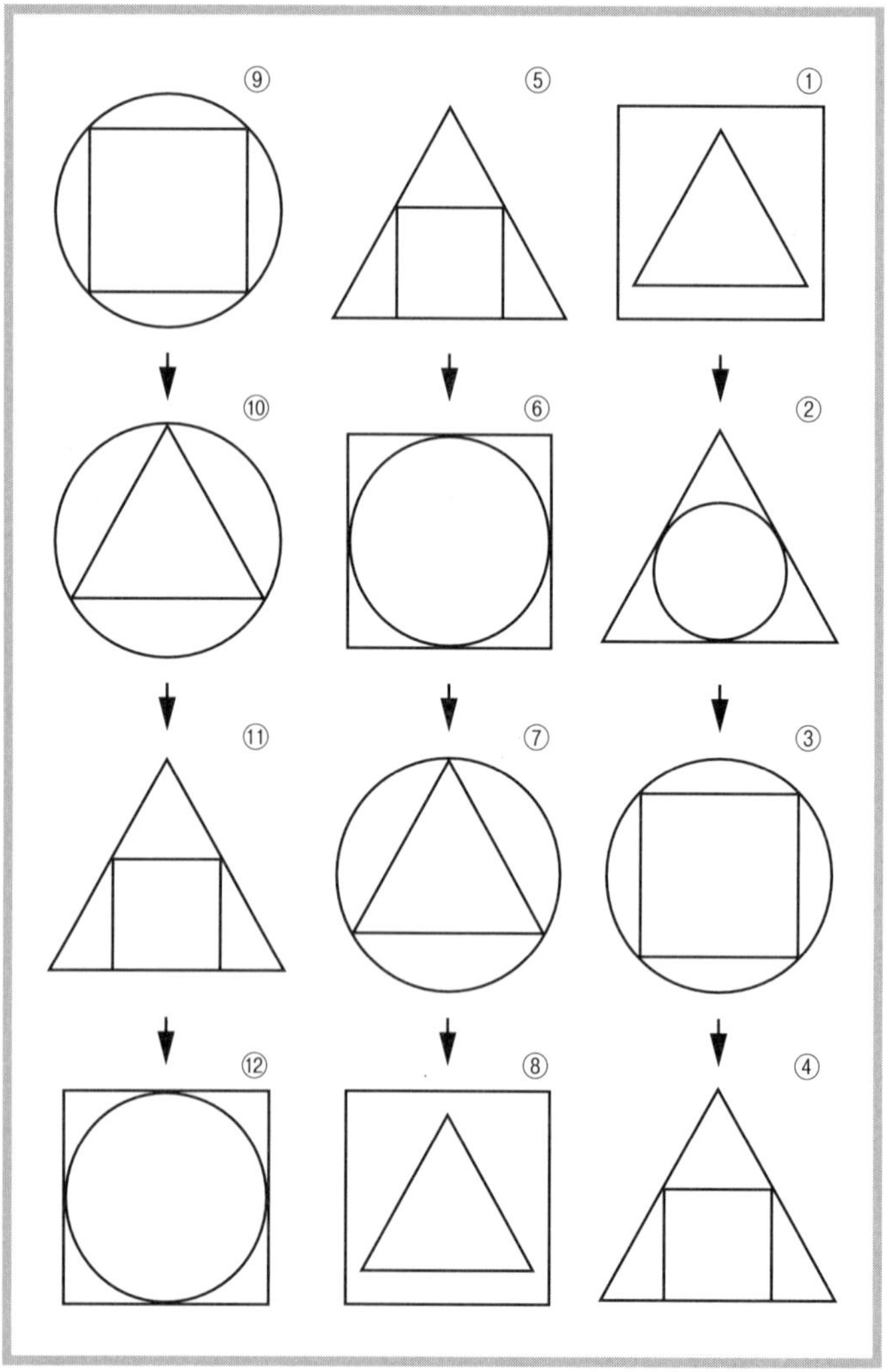
⑨
⑤
①
⑩
⑥
②
⑪
⑦
③
⑫
⑧
④

速くなればいつでも超特急感覚？

速読できているというのはどのくらいの読書速度になれば皆さん感じ出すのでしょうか。たいていの場合、皆さんがよく目標にされるのは「最初の二〜三倍」「一分間に五、〇〇〇文字」や、もっと速くを望む方は「一分間に一〇、〇〇〇文字」などが多いです。もちろん、それ以上を目標にされる方もいらっしゃいます。

でも、最初の二〜三倍になれば御の字だとおっしゃっていた方も、すでに四〜五倍の速さになっているにもかかわらず、「速くなりましたね」と声をかけると、「いえいえ、まぁ前より少しは速くなったような気もするけど……」と言われます。

七〜八倍にもなってる方でも、「私はきっと一番の劣等生です」なんてことまでおっしゃります。最初に二〜三倍になればよいとおっしゃっていた方が、さらにアップしているにもかかわらずですよ！

なぜそう思うのでしょうか？　皆さんは三倍速く読めるようになれば、読んでいるときは三倍早口で読んでいるって思っていませんか？　三倍早口になって読んでいれば、たしかに早くなったのはわかりますが、三倍速く読めるようになっても三倍早口にはなりません。

トレーニングにより頭の回転（脳の回転）が速くなっても、その速くなった回転を自然に自分の感覚として受け入れているので、あまり速くなった気がしないのです。

たとえば、私とお友達のAさんがいるとします。二人ともできる問題が三問出題されました。同時に問題を解き出すのですが、私が一問解いている間に、Aさんは三問解きました。このように私が一つのことをしている間に二つ、三つ先のことをしている（考えている）人を、一般に「頭の回転が速い」と言います。三つ先までちゃんと解答されているAさんですが、Aさん自身は速く考えて答えを出している感覚はなく、他の人も同じ感覚だと思っています。さながらAさんは私を見て「なんでそんなに時間がかかるの？」という感覚だと思います。

速読も、このように頭の回転が速くなっただけなので、自分では普通なので速いという感覚が生まれ出すのはおおよそ最初の「十倍」近くや「一分間に一〇、〇〇〇文字」くらいで読めるようになったころに感じ出します。

ですから、どれくらいの速さを求めているかは皆さんそれぞれに違いますが、速読できてないと思っていても、「実はできている」ことのほうが多いということです。だって、最初の速さ以上で読めていれば、それは昔のあなたにとってはすでに速読なのです。そして、それはごく自然に生活のなかで取り込まれていくのです。

せかせかして落ち着かない現代、速読することで「もっとせかせかするのでは？　ゆっくり過ごそうよ！」と言われる方が多いですが、それは逆です。

速読することで、いつも良い回転で過ごせるようになると周りのリズムをゆっくりに感じ出します。そうして時間にゆとりができ、心にもゆとりができるので、実は速読したほうが毎日もゆったりと過ごせます。新幹線から普通電車に乗り換えて窓の外を見ると、ゆっくりに見えるように。

速読トレーニングを卒業するとき

速読とは読んで字のごとく速く読むことですから、以前より速く読めるようになれば

「速読できている」ということになります。ですから、「最初の何倍になったから」とか、「何千文字／分になったから」ではありません。皆さんそれぞれに、できたと思えるタイミングは違います。

私自身は、基本的には「生徒さんが納得したところが卒業」だと思っています。仮に私が「卒業ですよ！」と言っても生徒さんご自身の納得がなければありません！

ですが、それでは今度は皆さんが卒業されません。なので、講座によっては何回講座というのはありますが、卒業というのは作っておりません。

できない最大の理由は……速読できたと思えるまでしないからですね。ただその「速読できたと思えるまで」に、どんな行程を選ぶかで、納得できるまでの期間が変わってきます。もちろん、エネルギーも。

読書速度が上がっても、「明らかに速くなっている」という感覚はなかなか生まれてきません。私はレッスンのなかでは皆さんにこう言っています。

「以前と何か違うな？　何かな？　わからんけど何か違う……」と思ったら、とりあえず速読のせいにしてください、と。かなり勘違いかも!?　と思うことや、速読と全然関係ないようなことでも速読の成果にしてもらいます。なぜなら、以前の状態の記録はエクサ

プ〜ン

速読トレーニングによるいろいろな効果？（いろいろ）

- 野球や学校以外でも人の見方が変わって、本人が何を考えてるかとかがわかったりするから、悩みを言われたり頼りにされる。
- 速読をしていろいろ考え方が変わって、あまり楽しくなかった学校も最近楽しくなってきたので速読を習えて良かった。
- 部屋の明るさに敏感になった。暗い部屋も明るく感じるようになった。
- 蚊を捕まえられるようになった、百発百中！（こういう声も多いです）
- 飼っている犬に好かれるようになった。
- （顔の）しわが少なくなってきた。
- 道に迷わなくなった。
- 「脳」が気持ちいい。
- プラス思考に変わった。自信がついた。
- 一度にできることが増えた。
- 小さいころによく見ていた正夢をまた見るようになった。
- 朝起きるとさわやかな気分。
- 本を読んでいるというよりも映画を見ているみたいに読める。
- 味覚が鋭くなった。
- 視界が広がり、客観的・多角的に物事をとらえられるようになった。

⑤ 出口

・いつもの道で今まで見えなかったものが目に入るようになっている（看板、木の実、花）。
・心に余裕ができた。
・健康になった。
・聞こえてくる音や、気配に敏感になったため、夜道が全く怖くなくなった！
・鼻が利くようになって、秋の花粉症が治っていた！（体内リズム正常化？）
・アイデアがどんどんわく！
・時間の感覚が変わってきた。
・階段を面倒くさいと思わなくなり、エスカレーターに乗らなくなった。
・整理するのがうまくなった。
・いろいろなことに気付くようになった。
・景色がきれいに見える。
・既成概念にとらわれていることがいかに多いかということに気付いた。
・速読を受けるようになってから、「まずは素直に受け入れてみる」という態度に変わった。
・子供のころ、嫌な味がして食べられなかったトマトが食べられるようになった。

・家事の時間配分も上手くなり、手際よくなった。

・すべてにおいて意欲的になり、チャレンジ精神が高くなったような気がする。

・速読レッスンとは関係ないかもしれないが、先生の前向きな考え方にも良い影響を受けている。

・理解が深くなったように思う。

・感覚でとらえるのが早くなったし、ピアノの楽譜がドンクサかったのが若いころの感覚に戻ったことがうれしい。

・老眼も少し楽です。

・朝の忙しい時間でも余裕が持てるようになった。

・予定がどんどん入ってきても、こなせる自分にビックリした。

・文字を見ることが楽になり、目が疲れにくくなった。

・頭にくることが少なくなった。

・忍耐強くなった。

・あせることが少なくなった。

・俳句のひらめきが早くなり、題材の表面だけでなく、内面も考察できるようになったようだ。

・乱視がマシになった。

・視力が良くなった。

・老眼がなく（マシに）なった。

・人ごみでぶつからなくなった。

・自動車の運転が楽になった。

（生徒さんへのアンケートから）

サイズ時の読書速度の記録以外には何もありませんから、比較のしようがありません。

でも、明らかに読書速度は上がっていますので、まず一つの変化は生まれています。ならばほかにも変化が生まれているはずなのですが、記録がないので振り返ってもわからないので、とりあえず「速読したから」ということにしてもらうのです。そうすることで自分の変化を見つけることができ、またより一層の変化を見つけることにもつながります。

トレーニング方法よりも大事なもの

速読習得を求めるときに、気になるのはトレーニングの方法です。当然ですが、どんなトレーニングをするのか？ と、トレーニング内容が気になる方が多いです。

特に、私も含めてですが、過去に速読習得に挫折した人ほど、「もっと良いトレーニング方法があるのかも⁉」「速く読めるコツを教えてくれるのだろう！」と思われる傾向にあるようです。正直、私も昔は思っていました。「コツがあって、何か特殊なトレーニングをすれば速くなるんだろう！ それを知りたい！ それだけ教えて‼」ぐらいの勢いで

51560
WORDS

（笑）。

でもそれは間違いでした。たしかにトレーニングはしますから、その内容は気になると思いますが、大切なのはそのトレーニングをすることで何をしようとしているのか？　を知り、そのトレーニングからどういう感覚を引き出すのか、何を得ようというのか、ということなんです。

生徒さんにすぐにそこまでを見せなくても、順を追ってきちんと伝えることができるインストラクターでなければ、皆さんに次の段階が来たときのイメージや感覚は伝えられません。そうすると、やはりトレーニングの効果は感じられません。

ただ紙に書いてあること（マニュアル）を読んでるだけなら、自分で本を読みながらトレーニングしたほうが通う手間が省けますよね。

少し前、私はなぜかあることが気になっていました。それはどんなことかというと、あの「ラジオ体操の掛け声のおじさんはどんな人で、今は何をしてるの？」ということです。するとその数日後、そのおじさんがテレビでラジオ体操の正しいやり方を解説していました。そしてその効果も（日本テレビ『おもいっきりイイ!!　テレビ』）。

「腕を前から上にあげて背伸びの運動♪」って深呼吸みたいに腕を上げて下ろしている

だけかと思っていたら、実は背筋を伸ばす運動だそうです。腕を伸ばしてかかとの角度や意識する部分で実はとってもダイエットに向いてる、というものでした。

私は単なる形でしか学校では習っていなかったので、ダラダラしていました。やっぱり、同じことをするにも、先生が必要なことをキチンと伝えてくれれば姿勢も良くなり、体のバランスも整うのに、単なる儀式みたいになっているとダメですね。

そう考えると何が一番大切なのかが少し見えてきませんか?

自分よりも先の感覚にいてる人に習う

これは鉄則です。スイミングスクールで、泳げない先生に泳ぎを習うのは不安ではありませんか?

上手、下手を言っているのではなく、何でもそうですが、自分が行くべきポイントの感覚を知っていて、さらにそこに導いてくれる力を持った人に教えてもらわなければ、その感覚に近づけません。

52412
WORDS

ゴルフなどでも、何年も我流でやっていて直らなかった癖や苦手が、たった一度や二度のレッスンで直ってしまった、なんて話もよく聞きます。先の感覚を知っているからこそ、的確なアドバイスも生まれてくるのです。

どれくらいの時間をかけるか

よくセミナー時に、「一回で速くなりますか？」とか、「一回でコツを教えてくれるのですか？」などの質問をいただきます。結論から言うと、一回で速くはなりますが、あくまで速くなった体験です。

すべての人が以後、それを持続させるのは非常に難しいです。ほんのひと握りですが、一回だけの受講でその日の感覚を持続させることが可能な方たちもいます。が、ほとんどは気付いたら元に戻っていると言っていいでしょう。

もともと一時間半から二時間弱の私のセミナーの中でも、トレーニングに割いてる時間は二十～三十分ほどです。速読とは感覚を磨くことなので、一回、しかもたったの二十～

三十分だけの感覚では、日常の中で忘れてしまいます。三五歳の方にセミナーを受講いただいたとすれば、二十～三十分対三十五年間（一八、三九六、〇〇〇分）の習慣には勝てません。形状記憶合金のように、元に戻ろうという力が働きます。

そこで、私の講座はまず最低十六時間前後をお勧めしています（社員教育や主旨により時間数は増減する場合もあります）。多くの場合は二時間を八回前後（講座により異なります）、平均四～六カ月かけて一緒にトレーニングしていきます。

よく「だったら、一泊二日か二泊三日でまとめてして欲しい」と言われますが、お断りしています。講座を受けたそのときだけ「速くなった！」と感じても、家に帰り数カ月して元に戻るのでしたら、時間もお金もエネルギーももったいないですよね。

何かを始めるときって「よし、今日から毎日〇〇しよう!!」と決心するのですが、三日坊主という言葉があるように、あまり長続きしません。またしばらくすると「よし！　今度こそは続ける！」と再チャレンジ……こんなことを皆さんよくしてしまうと思います。

まず最初に今日から毎日！　なんてかなり無謀です。

習慣にできるかどうかわからずに始めるのですから、もう少し気楽に取り組めばよいのですが、ひとは自分に甘いのでズルズルと先延ばしになって挫折。そんなことがほとんどですから、最初からそんな目標を立てないことです。

「できるときにできることをやる」程度でいいのです。

数週間に一度、レッスンがあれば、嫌でも数週間に一度はそのトレーニングをすることになります。しかも、宿題なんて出されてもできないことが多いわけですから、何もしないまま（できないまま）次のレッスン日がやってきます。そうして、前日の夜とか当日の朝や当日教室に来て、皆さん一所懸命自分でトレーニングされるんです。でも、それでいいんです。

そうやって数カ月「あっ！　明日や！」とか、「（速読講習）今日やから、朝だけでもしておこう！」と自らトレーニングをしていくことで、気付けば毎日ではなくても普段の生活に習慣として入ってくるのです。そうすれば、もう何も言わなくても皆さん勝手に習慣になっています。

幼いころには毎日するのが面倒くさかった歯磨きも、お母さんに怒られながらしぶしぶ毎日していたら、今では歯磨きしないと気持ち悪くなっているのではないでしょうか？

私も幼いころは面倒くさくて歯磨きが嫌いだったのに、今では日中に無性に歯磨きしたくなることもあります。

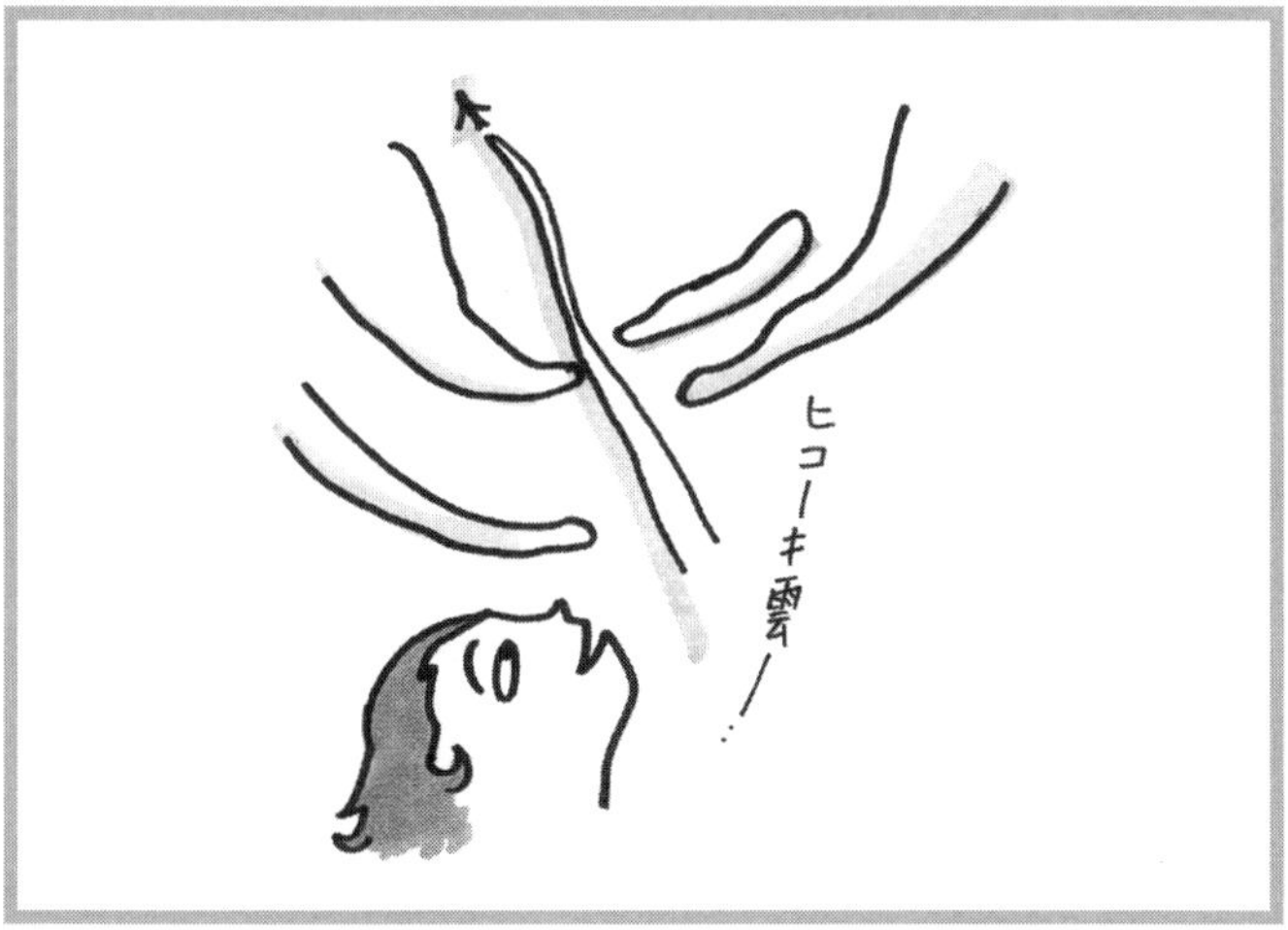

54086
WORDS

今まで、なかなか習慣にならなくて挫折していたという方は、やったり辞めたりの三日坊主を続けていけばそれもある意味継続ですよね（笑）。

そんな感じで、レッスンも少しずつの時間で期間もかかりますが、継続的に受けていただいたほうが自分の本当の身になります。しかも速読は、自転車がちゃんとスイスイ乗れるようになれば、もう乗れなくならないように、一度定着して速くなってしまえば元には戻りません。

でも自転車も、一生懸命練習して、やっと乗れた瞬間に「もう乗れたからいいや」なんてスイスイ乗る練習をしなければ、また乗れなくなってしまいます。そうです、乗れるようになれば、それを上手く使いこなす練習もしてこそ、普段の生活に活用できるのです。買い物にも、友達の家に遊びに行くのにも、スイスイ乗る練習をしたから使えるのです。

速読もそんな感じで速くなった瞬間に辞めてしまったら、一時的な感覚でしかないので普段の生活に活用できないのです。ある程度の速さを定着させるには、それよりも速い感覚を継続して体感することが必要なのです。

また、どうしても、なりたい読書速度を目標にしてしまいますが、目標をさらに高いところに置き、速読トレーニングを続けることが必要です。それにより、なりたい速さを手に入れることができ、やがてそれが定着して普段の生活に活かすことができるのです。

いろいろな方法で速読習得を目指されている方がいると思いますが、まずは力まずに気楽に続けることをお勧めします。

新たに生まれ変わる

私は、速読を通し、幸せになりました。新たな扉が開かれたからです。

私は速読を知る前も知った後も同じ世界に生きていますが、速読を知ることにより今までは見えなかったことが見えるようになりました。

この世界は、たくさんすばらしいことで満ち溢れています。それは、親切であったり、好意であったり、美しいものであったり、高尚な芸術であったり、チャンスであったり、愛情であったり、いろいろな好ましいものです。それらを見つけることができたのは、環境が変わったからではなく、私の視野が広がったからです。

今までは毎日を生きることで精一杯だったのが、脳力がアップしたことにより余裕ができたからです。

速読を通しいろいろな人に出会い、たくさんのチャンスをいただき、今の私があります。その喜びを皆さんにも知ってほしいのです。

毎日、感謝と感動をいただき、それが私の力となっています。

幸福とは、自分で選択できる自由があるということではないでしょうか？

私たちの目の前には、好ましいことだけでなく、嫌なこともあります。そのどちらに目を向けるかで、全く違った世界が見えてきます。

私も今まで勉強や仕事、家事などで手いっぱいだと、ほかのことに関心や注意を向けることができませんでした。ところが、速読をマスターしてからは、すべてに余裕ができ、今まで眼に入らなかったことに気付くようになりました。すると、私にはもっとたくさんの選択肢があることがわかりました。しかも、いくつかのことを選べる余裕すらあります。

会いたい人と旅行しながら、美味しいものを食べて、有意義な話をする。しかも、それが仕事にもつながったり……。

私がインストラクターになってわかったことがあります。速読マスターのコツは「思い切り」と「割り切り」、そして「インストラクターとの時間の共有」です。思いがすべての行動の前に存在し、動機となります。

脳力開発は今までの習慣を捨てて、新たに生まれ変わることです。変わるためには、膨大なエネルギーがいります。なぜなら、脳は今までの状態を保つことが最も楽だからです。強制ではなく、自ら変わろうとする自発的で強力な動機が原動力になり変化していくことができるのです。

だから、従来のやり方に固執しない柔軟な感覚が大事です。古い殻を破り、新しい世界に踏み出す精神的エネルギーが必要です。どのような目的意識を持つかにより、脳力の変化の度合いが変わってきます。成長したい、自分の殻を破りたいという気持ちです。かたくなに古い習慣に固執しては先に進めません。

新たな習慣を構築するためには、古い習慣を卒業する必要があります。新しいものを習得するには、好奇心と素直さが大事になります。好奇心は、「面白そう」、「やってみたい」と新たなことにチャレンジする心です。諦める言い訳を探すより、やりながら考えてみましょう。

素直さは、インストラクターに身をゆだねる従順な心です。現状維持というのは最も楽でストレスを感じることがないので、私たちはついついその場にとどまろうとしてしまいます。でもそれでは、進歩はできません。不安もあるでしょうが、インストラクターを信じてみてください。

次の尾根が見えるとき

正しいことをするときと悪いことをするときでは、罪悪感というブレーキがかかるので、精神的なエネルギーの大きさが違ってきます。だから、「より正しいことを行う」という

55835
WORDS

強い目的意識を持つことが、それまでの限界を超えるパワーを生み出します。新たな習慣を身に付けると今までと違った世界が見えてきます。

それは、登山にたとえることができます。山の頂上に着くまでには、尾根をいくつも越えていきます。ひとつの尾根を越えると、今まで見えなかった次の尾根が目に入ります。そのたびに高度も高くなり、眼下の景色も変わってきます。

新たな脳力を身に付けると今まで無理と思っていたことが、簡単にできるようになります。すると、できることが普通になって自信がつき新たな目標が見えてきます。それだけ視野が広がり、物事を多角的にとらえることができるようにもなります。考え方もポジティブに変わってきます。

そう考えると、脳力開発とは、単なるテクニックではありません。その人の生き方にまで関わってきます。映画『スパイダー・マン』で主人公に対し、育ての親であるおじさんが「大いなる力を持つものは、大いなる責任も伴う」と諭すシーンがありますが、速読も大きな知的パワーを持つので、そのコントロール法も身に付けることが必要です。

コントロールの鍵となるのは目的意識です。

では、正しい目的意識とは何でしょう？　それを測る一つの方法としては、どれだけ多くの人を幸せにできるかではないでしょうか。
あなた一人だけが幸せになるのと、家族みんなが幸せになるのを比べると、家族みんなが幸せになれるほうがいいですよね。町の人のことだけを考えるより、地球規模の幸せを考えることのほうがいいです。実は、誰でもわかっているけど、時々忘れてしまってできないことをもう一度思い出すだけです。

多くの人たちと幸せをわかち合うことは大きな喜びです。脳は喜びのために進化しました。喜びを感じているときには脳の中に快感物質（その代表がエンドルフィンです）が出ています。

さらに、欲求の中でも最高次元のものが自己達成欲と言われています。なりたい自分を設定し、その目標を達成したときに得られます。それを多くの人と共感したときには何倍もの喜びに増幅されます。

このような動機で脳力開発に取り組むことで、心も豊かになります。

人生の目的

子供たちが「勉強は何のためにするの？」、「生活する上で歴史や微分積分など必要ないじゃない？」と聞いてくることがあります。

たしかに一人だけで生きていくには必要ないかもしれませんが、多くの人と関わって生きていくには、多くのことを知っておくことで深い関わりを持てます。それは、言葉からイメージを浮かべることによって、相手の思いを共有することができるからです。

そのためには、多くの知識を持つことが必要です。多くの知識を持てば、多くの人の必要性を理解でき、多くの人を助けられます。だから、多くの人を幸せにするには多くのことを知っていることが一つの条件になります。そのために速読をしたい、していきたい、と考えています。

体験セミナーなどをさせていただいていると、速読を心から習得したい、という強い思いの方に多くお会いします。何かを成し遂げるのに強い思いは必要です。ですが、皆さん

は本来、速読を習得したいというのが、「目的」だったのでしょうか？

　きっと、「資格試験に挑戦するから」、「仕事でたくさんの情報を処理しないといけないから」、「自身のスキルアップのために身に付けておけば有効」、「スポーツで成果を出したいから」などさまざまです。

　速読は目的ではありません。速読できるようになった自分の脳力をどう活かすか、どこに活かすか、が目的だったはずです。しかし、今まで習得が容易ではなかった分、速読習得が目的になってしまっている方にも多くお会いします。もう一度、最初の目的を思い返していただければ、さらなる、やる気につながるのではないでしょうか。

おわりに

私は読書を通じてもっと自分に自信を持っていただいたり、たくさんの知識や情報を取り入れることで、より豊かな心を育てて欲しいと思っています。そして速読できることで、時間のゆとりもできます。時間のゆとりは、心のゆとりにもつながります。

情報化社会と言われる昨今、否応なしにスピードが求められています。私たち現代人は、せかせかした余裕のない毎日を送らざるを得ません。

多くの方がそう感じているようで、よく「これ以上スピードアップするの？　ゆっくりしたいよ」と言われます。

でも、だからこそ私は速読をお勧めするのです。

速読をすることで、脳の回転が良くなり、物事を素早く的確に判断できるようにもなります。今までと同じ仕事量なら、短時間で処理ができるようになります。

そうしてできた時間を、もっと自分自身の趣味やご家族とのために使いたいと思いませんか。そして、他人を思いやる心のゆとりも一緒に手に入れませんか。

そういったことに速読を活用していただきたいと願いながら、私は日々レッスンさせていただいてます。

皆さんも一緒に、時間のゆとり、心のゆとりを手に入れて豊かな毎日を過ごしましょう！　心にゆとりができると他人にも優しくなれます。思いやりの心が生まれます。みんなが思いやりの心を持てば、世界は平和になると思いませんか。

そんな世界を私は速読を通じて作っていきたいと思っています。

最後に、私に速読の本当のすばらしさを知るきっかけをくれた大石達也先生、この本を書くきっかけをくれた石川歩さん、深谷健一郎さん、いつも陰で私を支えてくれている両親、呉克明、英子、妹の香名子、安紀子、息子の優希、この本の執筆中に亡くなった祖母・故金妹、そして、ここには書けないくらいの多くの私を支えてくれている生徒の皆様や関係者の皆様に心からの感謝を申し上げます。

呉　真由美

58143
WORDS

読書速度計測用文章2

いま、一緒に仕事をしているヘンリーはとても変わっています。 29
背が低くてやせたケニア人です。 44
日本語はペラペラですが、ときどき「なんでやねん！」など、関西弁も使います。 81
そんなヘンリーですが、英語もペラペラです。勿論、ケニアのスワヒリ語の部族の 118
言葉も話せます。 127
とても頭がいいのです。 138
ヘンリーは日本に来て目が悪くなったそうです。「めがねを作らなきゃ、何にも 175
見えない」と言っています。そこで視力を聞くと左右とも「三・〇」ということです。 214
おかしいと思って「〇・三じゃないの？」と聞くと、「三・〇だよ！」とのことです。 252
ケニアでは狩りをするので、目が良くないと食べ物が手に入らないそうです。 286
だから、みんな視力が良いそうです。 303

日本では、遠くの景色を見ることもめったにないので視力が弱くともだいじょうぶ 340
なんですね。 346
ところが一部のスポーツ選手は目のトレーニングをしているそうです。アメリカの 383
メジャーリーグで活躍している「イチロー選手」やＫ—１ファイターの「武蔵選手 419
」です。 423
速い球を正確に見抜いたり、対戦相手の動きをとらえるために、目を鍛えているん 460
ですね。 464
視力は、普通の視力検査で測る静視力、「一・五」とか「〇・三」といっているもの 501
だけではありません。 511
遠くから近づいてくるボールを見る力や右から左や左から右の横方向の動きを見る 548
力、高速で回転する動きを見極める力、広い範囲を一瞬で見る力などがあります。 585
また、見たことをしっかり判断して、それに対処する動作を連動しなければ良いプ 622
レーはできません。 631

記録用紙

受講日： 年　月　日	お名前：	性別： 男・女	学年(年齢)：

眼筋トレーニング　横＿＿＿回　縦＿＿＿回

毛様体筋トレーニング　右＿＿＿　左＿＿＿

読書速度の変化

トレーニング前

トレーニング文　初見	350	文字/分
トレーニング文　2	300	文字/分
トレーニング文　3	450	文字/分
トレーニング文　4	560	文字/分
トレーニング文　5		文字/分

トレーニング後

トレーニング文	227	文字/分
初　見　文　1	191	文字/分
初　見　文　2		文字/分

●著者紹介
呉　真由美（くれ　まゆみ）
脳開コンサルタント協会　会長
速読インストラクターとして全国で速読講習やセミナーを通じて、人間の脳力のすばらしさを伝えている。テレビ、ラジオなどで、「時速150キロのボールをバッティングセンターで打つ速読の先生」と紹介され、話題に。
「誰でも簡単にできる、頑張らない速読」をモットーにしており、受講者は学生から社会人、経営者、医者やスポーツ選手、芸術家と多岐にわたる。
大阪府堺市在住。
http://kure.brain-training.net/

●監修者紹介
脳開コンサルタント協会
知力やスポーツ、心の基礎能力を上げる脳の能力を高めるトレーニング法を普及するため、インストラクターを養成することを目的に2007年11月に発足。関東と関西を中心に活動。
名誉会長・大石達也。1980年に速読を学び、指導システム開発、インストラクター養成、教材開発などを行う。速読指導のプロフェッショナルを育てることをライフワークとする。
〒590-0004大阪府堺市堺区北清水町3-3-10パークレジデンス301号
電話072-206-0966
http://brain-training.net/

だから速読できへんねん！
――脳のブレーキを解き放て――

2009年3月18日　第1刷©
2010年7月7日　第14刷

著　者　呉　真由美
監修者　脳開コンサルタント協会
発行者　堤　　圭司
発行所　生産性出版

〒150-8307　東京都渋谷区渋谷3-1-1
日本生産性本部 出版部
電話（編集）03（3409）1132
　　（販売）03（3409）1133

ISBN　978-4-8201-1902-9　C0030　　美研プリンティング